Antonia Baum
Stillleben

PIPER

Zu diesem Buch

Antonia Baum führt das typische Leben einer jungen, privilegierten Frau in der Großstadt: Sie hat einen interessanten Job, eine feste Beziehung und genießt die urbanen Annehmlichkeiten. Ihre Umgebung in einem sozial schwachen Bezirk kann sie dabei weitgehend ausblenden. Dann erwartet sie ein Kind – und plötzlich ist ihr Blick auf ihr Leben völlig verändert, und sie bekommt Angst. Nicht nur scheint ihr Platz in der Gesellschaft auf einmal unklar zu sein, ihre Identität ist in Gefahr, und die Nachbarn wirken bedrohlich. In ihrem Buch macht Antonia Baum das Persönliche politisch, sie schildert ihr Erleben und kommt dabei auf die ganz großen gesellschaftlichen Themen: wie Erfolgreiche und Abgehängte nebeneinanderher leben, wie man Mutterschaft und ein eigenes Leben verbindet, weshalb man sich mit Kind plötzlich in altmodischen Beziehungsmodellen wiederfindet und warum Mütter es eigentlich niemandem recht machen können.

»Antonia Baum ist nicht die erste junge Mutter und nicht die erste Autorin, die diese Beobachtungen gemacht hat. Seit Jahren wird über die Zerfleischung der berufstätigen Mutter geschrieben. Baums extreme Offenheit aber ist es, die Stillleben lesenswert macht.«
SPIEGEL Online

Antonia Baum, studierte Literaturwissenschaft, Geschichte und Kulturwissenschaft. Für ihre Romane erhielt sie große Medienresonanz. Sie war Feuilletonredakteurin bei der Frankfurter Allgemeinen Sonntagszeitung und ist heute Autorin bei der *ZEIT*.

Antonia Baum

Still leben

PIPER

Mehr über unsere Autorinnen, Autoren und Bücher:
www.piper.de

Von Antonia Baum liegen im Piper Verlag vor:
Stillleben

Ungekürzte Taschenbuchausgabe
ISBN 978-3-492-23853-3
1. Auflage Juni 2019
2. Auflage Juni 2023
© Piper Verlag GmbH, München 2018
Umschlaggestaltung: zero-media.net, München
Umschlagabbildung: FinePic®, München (Struktur)
Satz: psb, Berlin
Gesetzt aus der Janson Text
Druck und Bindung: CPI books GmbH, Leck
Printed in the EU

Danach gab es davor und danach. Es gab drinnen und draußen. Es gab Mann und Frau. Es gab arm und reich. Danach fürchtete ich mich, wenn ich durch das Treppenhaus des Hauses lief, in dessen oberstem Stock unsere Wohnung war, und drehte mich um.

1

Es ist ganz einfach, dachte ich etwa fünf Wochen vorher und stand am offenen Fenster, ich will ein Mann sein. Es war Nacht. Schräg gegenüber saß jemand in einem rot erleuchteten Fenster und hustete in regelmäßigen Abständen. Sein Husten klang krank. Es klang, als würde sich sein Körper für ihn beschweren. Ich konnte den Körper sehen. Er saß dick und unförmig auf einem Stuhl vor einem Rechner. Manchmal fuhr er sich durch das schwarze Haar. Wie eine hingegossene Masse lag er auf dem Stuhl und bebte, wenn er hustete. Dann war es wieder still. Das Licht aus dem Fenster warf den Schatten des mageren Baums an die Hauswand, was aussah, als würde eine böse Hand nach ihr greifen. Vielleicht würde sie sich das Haus und seinen Inhalt bald einfach nehmen und von dieser Erde schmeißen, dachte ich. Ich schloss das Fenster und drückte meine Stirn gegen das Glas. Ich will ein Mann sein, dachte ich, aber ich will nicht aussehen wie einer, das nicht (und vor allem nicht wie der Mann schräg gegenüber, nein, hier ging es um die Möglichkeiten eines gesunden, gut ausgebildeten Mannes, dessen schwarze Haare, sofern er überhaupt welche hatte, von seinem kulturellen und ökonomischen Kapital neutralisiert werden würden). Ich wollte nicht aussehen wie der Mann, der ich sein wollte. Aber die Möglichkeit aufzustehen, mich nicht zuständig zu fühlen und weiterzugehen, diese Möglichkeit wollte ich besitzen, für immer.

Die Menschen aus dem Haus, das wir bewohnten, hatten wenige Möglichkeiten, und seit Kurzem sah ich ihnen dabei zu. Wenn es abends dunkel wurde, stand ich in meinem Zimmer, ohne das Licht anzumachen. Nachts stand ich dort auch, denn ich konnte nicht mehr schlafen. Ich konnte in die erleuchteten Fenster des Hinterhauses sehen. Unser Haus war ein Haus, in dem nachts Lichter brannten. Das rot erleuchtete Fenster des hustenden Mannes war jede Nacht rot, ein anderes Fenster leuchtete grell und kalt, darin sah ich einen Stuhl, einen Tisch und eine Menge Geschirr darauf, aber nie einen Menschen, und dann gab es noch zwei Fenster, hinter denen ebenfalls immer Licht brannte, das aber von zwei bunten Decken geschluckt wurde, die als Sichtschutz provisorisch aufgehängt worden waren. Tagsüber bemerkte man die Menschen aus unserem Haus nicht, sie waren erst nachts zu sehen, wenn sie das Licht anmachten und ihre Stimmen in fremden Sprachen durch den Hof hallten. Denn es wohnten dort Menschen, die nicht früh aufstehen mussten, oder solche, deren Verwandte weit entfernt lebten und die sie wegen der Zeitverschiebung, schlechter Internetverbindungen oder irgendwelcher günstigen Tarife am besten nachts erreichten. Wenn ich dort am Fenster stand, sah mich keiner. Aber ich sah die anderen.

Ich stand dort und hatte das Gefühl, unsichtbar geworden zu sein. Wie gestrichen. Arbeitslos und behindert. Das klingt schlimm und wird schlimmer, ich kann es kaum aufschreiben, also warte ich damit noch ein bisschen.

Ich übertrat die Grenze nicht mehr, hinter der das Geld und die Freiheit lagen. Rationalität, Nützlichkeit, Wettbewerb. Ich legte nicht mehr meinen täglichen Weg zur

Arbeit (acht Kilometer) zurück. Ich übertrat somit nicht mehr jene Grenze, hinter der sich all das befindet, was Menschen brauchen, die, traurig und gestresst, versuchen, *glückliche Menschen* zu werden. Hinter der Grenze waren: Marni-Kleider, Spargelsalat mit Garnelen, Meditationsangebote, eine Übereinkunft darüber, dass die Gleichberechtigung zwischen Männern und Frauen zwar noch nicht komplett erreicht, aber unbedingt erstrebenswert ist, ebenso wie die Aufnahme und Integration von Geflüchteten und die Ablehnung rechtsnationaler Gedanken (Pegida, AfD), es gab dort gute Friseure, gute Feinkostläden, gute Kleidergeschäfte, und alle wussten, was distinguierte von gewöhnlichen Produkten (oder Menschen) unterscheidet, weswegen ich mich dort immer gerne aufhielt. Es war so sauber und interessant, der Welt von dort aus dabei zuzusehen, wie sie sich täglich zerlegte.

Zurück zum Schlimmen, das noch schlimmer wird, sobald ich es aufgeschrieben habe – denn eigentlich erwartete ich, als ich dort am Fenster stand und dachte, ich sei arbeitslos und behindert, einfach nur ein Kind. Und dabei war nicht das Kind das Schlimme, sondern das Gefühl, arbeitslos und behindert zu sein. Am allerschlimmsten aber war es, diesen Satz zu denken, und noch schlimmer ist es, ihn aufzuschreiben. Denn ein Kind, so dachte ich oft am Fenster stehend, ein Kind ist doch das Schönste, Beste, was man machen kann. Damit hört vielleicht auch diese verfluchte Gottlosigkeit auf. Man wird dann vollständiger, gerade als Frau. Ohne ein Kind fehlt einer Frau etwas. Ich dachte diese Sätze in unterschiedlicher Reihenfolge, ich wusste, dass es Klischees waren, denen ich da hinterherdachte, und sie ließen mich trotzdem nicht in Ruhe.

Wir lebten vor der Grenze, am Rand, von wo aus ich immer ins Zentrum gefahren war. Der Rand war: Müll auf der Straße, Discount-Supermärkte, Wettbüros, Dönerläden, Kürbiskernschalen auf dem Boden, Pfandhäuser, KiK, Shisha-Bars, Wohnungsauflösungsunternehmen, Läden, die für einige Monate da waren und dann wieder verschwanden. Ich hatte davon nicht besonders viel mitbekommen, denn ich war entweder nicht zu Hause oder in unserer Wohnung, die im vierten Stock lag. Morgens achtzig Stufen runter durchs Treppenhaus, über dunkelbraunen Linoleumboden, der so alt war, dass er Risse hatte, vorbei an grauen geschlossenen Wohnungstüren, aus denen niemals jemand kam. Es war, als lebte keiner in diesem Haus, man begegnete nur Spuren von Leben. Schrott, der auf dem Hof abgestellt wurde, Wurfsendungen, die auf den Boden geschmissen worden waren, der Geruch von vergammelndem Essen aus den Mülltonnen. Und es gab diese Tür, die an manchen Tagen nur angelehnt war. Der Spalt, der entstand, war so schmal, dass er dem Vorbeigehenden zuhauchte, dass diese Tür nur für sehr kurze Zeit offen sein würde und vor allem nicht für ihn, den Vorbeigehenden. Ich hielt dann trotzdem kurz inne und sah auf die angelehnte Tür. Ich lauerte und war mir sicher, dass auf der anderen Seite auch gelauert wurde. Ich war mir sicher, dass sich die Tür gerade eben noch bewegt hatte.

An den vielen Türen dieses Hauses standen Namen, die ich mir nicht zutraute richtig auszusprechen. Namen mit vielen Konsonanten und Vokalen an komischen Stellen, Namen, durch die ich hindurchstolperte, wenn ich es versuchte. Die Schilder, auf denen die Namen standen, waren selbst geschriebene und nachlässig angebrachte Zettelschilder, so, als würden die Menschen, zu denen die Schilder gehörten, nicht an Schilder glauben, weil sowieso niemand kam und sich für ihre Schilder interessierte, oder weil sie davon ausgingen, nicht lange zu bleiben.

Abends stieg ich die achtzig Stufen wieder hoch, gelegentlich im Dunkeln, denn manchmal funktionierte das Licht nicht. Die Hausverwaltung hatte die Bewohner irgendwie nicht mit der Macht über das Licht ausstatten wollen, weswegen sie eine Zeitschaltuhr installiert hatte. Lichtschalter waren zwar da, aber es passierte nichts, wenn man sie bediente. Es gab nur das verordnete Licht, die Zeitschaltuhr, die hin und wieder falsch oder gar nicht schaltete. Wenn es dunkel war, konnte man nichts dagegen machen, dann blieb es dunkel. Im dritten Stock roch es oft stark nach gebratenem Fleisch, und dann überlegte ich, hinter welcher der Wohnungstüren da wohl gekocht, also gelebt wurde. Es war immer still in diesem Treppenhaus. Nur ausnahmsweise begegnete ich einem Menschen. Etwa dem Jungen mit den schwarzen Haaren und der Adidas-Hose, der vielleicht zwei Mal an mir vorbeigehuscht war, davon einmal in Begleitung seiner Mutter, von deren Gesicht ich nur Augen und Nase sah, weil sie den Rest unter einem Kopftuch verbarg. Wir grüßten einander, als wären alle Beteiligten Schuld an irgendeinem Fehler, den wohl keiner hätte benennen können. Oder der große, dicke Mann mit der Einkaufstasche auf Rädern, die er hinter sich herzog und dabei Wörter, die ich nicht verstand, vor sich hin murmelte. Ein Mann mit langen Haaren und dünnen Beinen, den ich, obwohl ich ihn nie wieder sah, nicht vergaß, weil er so stank.

Das war es, mehr sah ich nicht von dem Rand. Wir bestellten unsere Lebensmittel, an den Wochenenden gab es Netflix und Deliveroo, oder wir gingen an Orten essen, deren Besucher laut und lächelnd den Restaurant-Sound machten, zusammen mit glänzenden Gläsern, die beim Anstoßen sangen, und freundlichen Bedienungen, die stolz komplizierte Gerichte erklärten; Orte, deren Bewohner kein Misstrauen in ihren Gesichtern hatten und die nur zugänglich waren für Menschen, die all das auch bezahlen konnten. Ich sah also nichts von dem Rand, an dem wir wohnten. Natürlich, ich hatte die Teenager von der nahe gelegenen Schule gesehen und dass sie alle schwarze Haare hatten und auf der Straße und in unserem Hausflur rumhingen und Zigaretten rauchten und manchmal die Briefkästen aufbrachen. Yalla, ich ficke deine Mutter, deine Schwester, deine Lehrerin, deine Tante, deine Großmutter, dein Leben und so weiter, hörte ich sie sagen, wenn ich an ihnen vorbeiging. Oder die Mädchen, die sich nach der Schule bei uns im Treppenhaus das Gesicht sauber machten, damit ihre Eltern nichts von der Schminke sahen. Mein Freund regte sich über die Jungs auf. Ich verteidigte sie und fand das irgendwie gut von mir. Einmal sortierte ich Kleider aus und wollte sie den Mädchen schenken, weil es für mich früher das Größte war, alte Kleider geschenkt zu bekommen (*vintage* hätte ich das genannt). Es waren gute und besondere Kleider, aber sie wollten sie nicht haben. Sie wirkten beinahe angewidert. Ich überlegte, was der Grund dafür war, und vermutete schließlich, dass es für sie eine Beleidigung gewesen sein könnte, aussortierte Kleider angeboten zu bekommen. Als könnten sie sich keine neuen leisten.

Die Idee bei diesem Haus war vor allem: günstige Miete. Und: Nicht nur Menschen um mich herum, die aussehen wie ich. Menschen, die das Gleiche wollen und das Gleiche tun wie ich, unausweichlich und als sei es, oh Gott, alternativlos. Deswegen wegziehen aus der totalen Gleichheit. Wegziehen und irgendwie etwas Wirklichkeitssalz auf diesen Alltag in Nullen und Einsen und seine Folgenlosigkeit draufschütten. Salz auf ein Leid, das nach nichts schmeckt. Ein Leid ohne Konkretion, ein Leid auf einem sehr hohen Niveau. Ein Leid, das man nicht einmal behalten darf, weil es ein vergleichsweise unproblematisches Leid ist (denn ging es mir, ging es *uns*, denn nicht eigentlich verdammt gut? Warum aber, fragte ich mich dann häufig, muss es mir besser gehen, weil es anderen schlechter geht?). Die Medizin, die ich zur Behandlung dieser reichen, auf mich beinahe kokett wirkenden Probleme wählte, war eine schlechte Gegend, in der ich mir ein bisschen anders vorkommen konnte. Sie bedeutete also auch einen Distinktionsgewinn, einen billigen außerdem. Aber die Mädchen hatten kein Interesse an meinen Kleidern, und die Salz-auf-diese-Wirklichkeit-Idee blieb ebenfalls komplett folgenlos, was ich aber zu dem damaligen Zeitpunkt (also: davor) nicht erfassen konnte.

Davor war die Welt ein Theater, und die Kulissen ließen sich reibungslos aneinander vorbeischieben. Was an Welt und Geschlecht zu viel war, konnte ich mir mit Geld vom Leib halten.

Du willst dich nicht von fremden Männern vollquatschen lassen, wenn du nachts alleine auf dem Weg nach Hause bist? Taxi. Du hast Angst vorm Autofahren, willst aber trotzdem das Gefühl haben, ein selbstbestimmtes

Frauenleben zu leben, das keinen Freund oder Ehemann braucht, um irgendwo anzukommen? Taxi. Du willst dich nicht damit auseinandersetzen, wie man Möbel zusammenbaut, und hast keine Lust darauf, deinen Freund darum zu bitten? Montageservice. Dir sind die Einkäufe zu schwer, um sie in den vierten Stock zu tragen, aber du legst Wert darauf, dass dein Freund nicht für die Dinge zuständig ist, für die Männer typischerweise zuständig sind? Lieferservice. Du willst nicht darüber nachdenken, wer kocht? Lieferservice. Jede Arbeit, die getan werden musste und die mich, beziehungsweise uns, meinen Freund und mich, zuverlässig in die für uns vorgesehenen Ecken gestellt hätte, lagerte ich aus, was – bedenkt man die Absicht, die dahinterstand – natürlich komplett lächerlich ist, aber es funktionierte. Es war eine fantastisch funktionierende Täuschung, und sie gefiel mir (und ich habe gar nichts gegen sie, aber sie lässt sich eben nur bedingt aufrechterhalten). Ich liebte meine Täuschung, weil sie es mir erlaubte, nicht in diese mühsamen Alltäglichkeiten verwickelt zu sein. Ich liebte sie, weil ich ganz grundsätzlich nicht in diese Welt verwickelt sein wollte. Sie sollte mich nicht betreffen.

Ich schätzte Masseure und Therapeuten, weil es ihr Job war, mich zu massieren oder mir zuzuhören, sie also Geld dafür bekamen und ich mich nicht darum sorgen musste, wie es ihnen ging, was ich natürlich trotzdem tat. Mit Freunden traf ich mich am liebsten draußen und am besten nicht länger als zwei Stunden. Ich schätzte Arbeitsbeziehungen, weil ihre Modalitäten klar waren und ich gehen konnte. Meine Familie war entweder weit weg oder ähnlich beschäftigt wie ich. Wenn wir uns sahen, konnte ich wieder gehen. Den Leib an sich hielt ich ebenfalls auf

Distanz, indem ich ihn als Werkzeug begriff, das ich pflegte, zerstörte und wieder pflegte. Yoga fand ich albern, aber es war eben nicht zu ändern – wobei der zweite Teil dieses Satzes wohl vor allem darauf verweist, dass ich mich schämte für dieses mitunter leere, unverbundene, wohlständige, auf vollkommen vertrottelte, aber natürlich nachvollziehbare Weise in Tätigkeiten wie Yoga Sinn und Ausgleich suchende Leben. Der zweite Teil jenes Satzes verweist also darauf, dass ich mich für das Leben schämte, dessen Freiheiten ich so liebte, weil es mir stellenweise komplett egal und folgenlos erschien.

Denn alles was anfing, hörte wieder auf. Das war gut und schrecklich zugleich. Ging es aber um meinen Freund, fand ich die Vorstellung, dass alles irgendwann aufhören könnte, beängstigend. Dann lief ich durch unsere Wohnung und überlegte, welche der Gegenstände (Sofa, Espressomaschine, Bettwäsche) meine waren, um mir auszurechnen, wie gut ich auf die Möglichkeit, wieder ganz alleine zu sein, vorbereitet war. Er war es, der kein Problem damit hatte, in Orte einzuziehen und sie zu bewohnen. Er war der Grund dafür, dass wir einen Teppich besaßen und Nägel in die Wand schlugen.

Er und ich, wir schwebten. Ich liebte, dass er aussah wie ein Mann, und er liebte, dass ich aussah wie eine Frau. Ich liebte, dass wir verschieden und trotzdem gleich sein konnten. Viele der Eigenschaften, die man typischerweise Frauen zuschreibt, trafen auf mich zu. Umgekehrt trafen viele der Eigenschaften, die man typischerweise Männern zuschreibt, auf ihn zu. Körperliche Stärke, größer als ich, handwerklich begabt, der bessere Autofahrer, eher in sich gekehrt, eher wenige Worte über Gefühle. Ein faszinierendes Rätsel, wenn ich ihm dabei zusah, wie er schwieg und irgendwelche Dinge reparierte. Das war alles er, und ich war das Gegenteil. Aber es gab bei uns auch viele Eigenschaften oder Verhaltensweisen, die gar nicht typisch waren. Und so konnte ich mich mit einem guten Gefühl wie ein alter Film verhalten, in dem eine Frau in einem schönen Kleid von ihrem Mann irgendwelche Treppen hochgetragen wird, und dabei den alten Feministinnen in meinem Kopf zuflüstern, dass inzwischen alles ganz anders sei. Hört auf zu nerven, ich verdiene Geld, ich kann mir alles kaufen, das ich nicht selber machen kann. Seid still und lasst mir diesen alten Moment, in dem ich ihn so anziehend finde. Ich liebte, wie er war, und ich liebte vor allem, dass unsere Verschiedenheit kein Machtgefälle bedeutete. Ich liebte, dass sie nicht wehtat.

Wir mochten Hotels, und ich mochte sie besonders, weil ich durch sie tageweise in meine geliebte Einsamkeit einziehen und schreiben konnte. Und schlafen. Ich schrieb nicht gerne, aber es war das Beste, geschrieben zu haben und dann zu schlafen. Ich schlief ganze Wochenenden durch. Augen zu, im Kopf Sätze machen, dabei immer mehr vergessen, dass man da ist, also körperlos werden und nur noch in Gedanken sein, bis sie ein Traum geworden sind. Ohne jede Pflicht den Räumlichkeiten oder dem Ort gegenüber.

Am besten ging das in Hotels, und das allerbeste war einmal in Singapur. 14. Stock, weiche Teppiche, angenehmer Raumduft, im Badezimmer Päckchen für bestimmte Erfordernisse (Shampoo, Wattestäbchen, Mundwasser) in so kleinen Portionen, dass man sich von ihnen bereits im Moment des Gebrauchs für immer verabschieden konnte.

Glatte Oberflächen, glänzende Spiegel, knisternde Bett-wäsche, und all das aufgeräumt und instand gehalten von unsichtbaren Frauen, denen ich, hätte ich sie je zu Gesicht bekommen, bestimmt ein Gespräch aufgezwungen hätte, um ihnen zu zeigen, dass ich mich auf keinen Fall für besser hielt, und an dessen Ende ich vielleicht ein bisschen unzufrieden gewesen wäre, weil ich hätte einsehen müssen, dass sie und ich erst dann erlöst sein sollten, wenn ich ihnen etwas Trinkgeld gegeben hätte.

Diese Gegenwart des Davor war eine superartistische und genau geplante Aneinanderreihung von verwaltbaren Einheiten, und man kann so nur leben, wenn man Geld hat und Bildung und keine Verbindlichkeiten.

Das klingt kalt und traurig. Manchmal war es das, und dann wünschte ich mir etwas Heiliges. Ein Kind.

Es war aber auch gut. Manchmal richtig gut. Ob ich glücklich war, zufrieden oder einverstanden, weiß ich nicht. Ich glaube nicht. Ich glaube allerdings auch nicht, dass das Kriterien eines gelungenen Lebens sind.

So oder so, ich wollte die Gegenwart behalten, wie sie war, ich war doch nach einer komplizierten Ewigkeit voller Praktika und Matratzen auf Böden, die fremd blieben, gerade erst in dieser Gegenwart angekommen. Alles sollte bleiben, wie es ist, mit der Möglichkeit, dass es irgendwann anders werden könnte.

Aber die Gegenwart war schneller, und ich wusste, dass ich sie nicht behalten konnte, es sei denn, ich würde mich dafür entscheiden, kein Kind zu bekommen. Und dass diese Rechnung, egal, wie man sie aufstellte, nicht aufgehen würde, wusste ich ebenfalls.

So oder so würde dieses Leben bald einen Unfall haben. Die Wirklichkeit, die ich mir aufgebaut hatte, würde sich nicht unbegrenzt aufrechterhalten lassen. Der kurze Schwebezustand im Leben einer Frau, in dem sie finanzielle Unabhängigkeit erreicht hat und jung ist, jung genug, um nicht negativ aufzufallen, weil sie noch keine familiären Verpflichtungen eingegangen ist, würde bald beendet sein. Texte über die Unmöglichkeit, Kinder zu haben, die Arbeit nicht aufzugeben, nicht in der kompletten Selbstverwahrlosung zu enden, sich nicht scheiden zu lassen, das heißt keine absolute Lebenskatastrophe zu vollziehen, waren überall.

Über Frauen – und es waren meist erfolgreiche Frauen –, die keine Kinder hatten, hörte ich bei Abendessen und auf Bürofluren, dass »ihnen etwas fehle«. Sie hatten irgendetwas falsch gemacht.

Mitarbeiterin A hat keine Kinder und zudem mal wieder mit den Türen geknallt, als es Unstimmigkeiten gab. Mitarbeiterin B und Mitarbeiter C dazu in der Mittagspause beim Sushi-Essen:

»Man sieht es ihr an, sie ist nicht glücklich«, sagt Mitarbeiterin B (Mitte vierzig, zwei Kinder, Akademikerin, Teilzeit) zu Mitarbeiter C. »Wäre ich aber an ihrer Stelle auch nicht.«

C (Ende vierzig, Akademiker, zwei Kinder, Vollzeit) zunächst mitleidig: »Wie soll sie glücklich sein? Sie hat ja nichts in ihrem Leben.«

B: »Allen Frauen, die keine Kinder haben, fehlt irgendwann etwas, da können sie mir erzählen, was sie wollen. Sie tut mir ja auch irgendwie leid. Aber sie ist …«

C: »… eine unerträgliche Zicke, die sich benimmt, als wäre sie zwanzig.«

C weiß, dass er, indem er die kinderlose Frau »Zicke« ge-
nannt hat, ein frauenfeindliches Klischee bedient hat, hat aber
das Gefühl, mit seiner Aussage so dermaßen richtigzuliegen,
dass man ihn mutig nennen sollte, diese Wahrheit zu formulie-
ren.

B: »Sie ist es gewöhnt, dass sich alles um sie dreht. Aber
jetzt ist sie vierzig, und es wirkt einfach nur lächerlich.«

Tja, sagen B und C. Sie haben ihre Pflicht bereits erfüllt und
schenken sich dieses »Tja« als verdienten Lohn für ihr Opfer.

Und selbst wenn nicht direkt gesagt wurde, dass Frauen
ohne Kinder (wie sagt man das nur, ohne einen Mangel
auszudrücken?) egoistisch, bitter, leer, alleine und defizitär
seien, weil sie keine Kinder hatten, schlich dieser Zusammenhang von ganz alleine durch die Gespräche. Diese
Frauen waren zu bedauern. Wahrscheinlich fand ich dieses
frauenfeindliche Schreckensbild auch und vor allem in mir
selbst. Denn es war ja aus irgendwelchen Gründen schon
immer klar gewesen, dass ich einmal Mutter sein würde,
nicht zuletzt mir selbst. Nichtmutter war in dem Lebens-
programm, das ich in meinem Umfeld für Frauen vorfand,
ganz einfach nicht vorgesehen. Dieses Umfeld sagte zu keinem Zeitpunkt: Du musst Mutter werden. Vielmehr nahm
ich diese Bestimmung als selbstverständlich gegeben hin.
Wenn ich »Umfeld« schreibe, meine ich: akademisches
Milieu, Mittelschicht, Provinz. Mit Umfeld meine ich:
Eltern, Großeltern, Kindergärtnerinnen, Lehrerinnen und
Lehrer, Eltern von Freunden und vor allem: die Mütter
dieser Freunde, denn in meiner Generation war das Muttersein in der Regel ihre Hauptbeschäftigung. Das war,
was Frauen überwiegend taten, auch wenn sie studiert hatten. Einige von denen, die ich sah, arbeiteten ein bisschen,

aber das war nie, was sie ausmachte. Und ich weiß noch, wie entsetzt ich war, als meine Mutter, als ich etwa 11 Jahre alt war, begann, ein bisschen zu arbeiten, wenngleich es natürlich weiterhin mein Vater war, der morgens das Haus verließ und abends wieder zurückkam. Trotzdem, ich fand, das gehörte sich nicht, die anderen Mütter waren doch auch zu Hause. Und dennoch waren es später immer meine frühen Erinnerungen an meine Mutter und ihre finanzielle Abhängigkeit, die mich dazu motivierten, nicht in eine ähnliche Situation zu kommen.

Ab meinem dreißigsten Geburtstag jedenfalls wollte ich mich für meine Kinderlosigkeit entschuldigen. Es war, als würde ich allein als Grund zum Feiern nicht ausreichen, weil ich annahm, in den Augen der anderen fehle etwas. Ich wollte nicht bedauert werden. Ich wollte nicht leer, alleine, traurig, bitter und egoistisch werden. Niemand will so sein, auch wenn es ungleich schwerer wiegt, wenn eine Frau so ist (böse, verrückt, unheimlich, all das, was man über Hexen immer gesagt hat). Es wäre allein meine Schuld gewesen, wenn ich mich dafür entschieden hätte. Oder dagegen.

Ich beantwortete dieses Dilemma schließlich, indem ich einfach gar nichts machte (ich ließ mir also weder irgendetwas einbauen, noch nahm ich die Pille etc.). Ich machte gar nichts und tat dabei so, als wäre nichts. Einige Monate später war ich schwanger.

Ein Kind, einfach nur ein Kind., dachte ich, als ich davon wusste und abends am Fenster stand. Jeder Mensch auf jeder Straße ist mal in irgendeiner Frau drin gewesen. Die U-Bahn geht auf, Menschen quellen heraus, Menschen, die allesamt aus einer Frau gekommen sind, und sie gehen alle irgendwohin, als wäre nie etwas gewesen. Frauen machen das. Was ist denn so schwierig daran? Warum stellst du dich so an?

Der Stell-dich-nicht-so-an-Imperativ ist eine häufige (und der Funktion nach systemerhaltende) Reaktion auf Frauen beziehungsweise Mütter mit Problemen. Genau wie die Hausarbeit und das Kümmern um die Kinder gering geschätzt werden, genau wie Jobs, in denen unsichtbare Kümmer- und Welterhaltungsarbeiten erledigt werden, mit denen man garantiert keine Preise gewinnt – genau wie diese Jobs schlecht bezahlt werden, werden auch die Anliegen von Frauen und Müttern abgewertet (zuletzt fantastisch zu beobachten bei der #MeToo-Debatte). Auch ich trat mir so gegenüber, auch ich wollte ganz einfach kein Problem sein. Ich wollte meine Pflicht tun (heißt: sexuell befreit sein, ein gepflegtes Äußeres und eine heterosexuelle Partnerschaft haben, eine gute Konsumentin und Mutter sein), ich wollte all diesen Pflichten nachkommen, sie nicht als solche empfinden und glücklich sein. Ich wollte mich freiwillig dafür entscheiden, was von mir erwartet wurde. Diese Feststellung klingt, als gebe es irgendeine externe normative Kraft, deren Erwartungen ich hilflos ausgeliefert gewesen sei. Diese normative Kraft ist da, aber sie ist eben immer eine Zusammenarbeit zwischen dem Außen (soziales Milieu, Facebook etc.) und dem Innen, also der Bereitschaft, bestimmten Normen zu entsprechen. Natürlich hatte ich eine Reflektionsebene über die Schwachsinnigkeit bestimmter Ideale. Natürlich wusste ich, dass es das Rezept zum Unglücklichsein ist, sich zu vergleichen, und machte Witze über jene Ideale. Dennoch und auch, wenn ich es nie zugegeben hätte, behielten die Bilder ihre Macht.

Diese Bilder, die man, wenn man als Frau ein bestimmtes Alter erreicht hat, in der Timeline hat: geile Aufnahmen mit geilem Sepia-Filter von geilen Babys, die mit geilem Spielzeug spielen, das ihnen ihre geilen Mütter geschenkt haben, die jene Bilder mit »#dasgeilstewasmanmachenkann« beziehungsweise »#minime« beziehungsweise »#innerpeace« überschreiben (worauf man eigentlich nur »#Arschlöcher« entgegnen kann). Oder diese permanent schwangeren Stars (die *Bunte* führt dazu die Rubrik »Stars im Baby-Glück«, in der *Gala* heißt sie »Schwangere Stars«). Oder Beyoncé, die ihre Schwangerschaft mit Zwillingen auf Instagram bekannt gab, indem sie sich in Unterwäsche kniend vor einem üppigen Blumenarrangement aus Dahlien, Rosen und Grünzeug zeigte, die Hände hielten den nackten Babybauch, das ebenfalls üppige Haar trug sie lang und offen, ein zartgrüner Schleier lag über den Haaren und dem dezent geschminkten Gesicht, dessen Züge sanft wirkten und ein seliges, weltüberlegenes Lächeln andeuteten, und natürlich war die Idee dabei, den Betrachter popkulturellversiert und very appealing an katholische Heiligenbilder voller Madonnen, Vergebung, Aufopferung und weiblicher Stärke zu erinnern. Die Ruhe und Seligkeit, die das Bild vermittelt, sagten dem Betrachter, dass diese Frau ihr Ziel erreicht hat. Dieser Frau stellt man keine Fragen, diese Frau ist dort angekommen, wo ihre Bestimmung liegt.

Als ich begann, mich an meinen Geburtstagen schlecht zu fühlen, begann ich gleichzeitig, das Extremistenthema Mutterschaft und die darin liegende Obsession zu begreifen. Einerseits die Fetischisierung der schwangeren Frau und der Mutter (das Glück, der Heiligenschein, die Freude der Gesellschaft darüber, dass hier, bei dieser schwangeren Frau, bei dieser Mutter etwas ganz augenscheinlich ist, wie es sein soll). Andererseits das Bild von Mutterschaft als dem totalen Albtraum (dem Ende des Lebens, Game over, Feierabend, bist du verrückt?), wobei jene, die darüber schrieben, dass sie mit ihrem Dasein als Mutter Probleme hätten, von den Müttern, die mit sich und ihrem Leben einverstanden waren, im Internet regelmäßig öffentlich gegrillt wurden. Heiligenverehrung und Hexenverbrennung liegen selbstverständlich nah beieinander, selbstverständlich, weil die Heiligen Angst vor den Hexen in sich haben, und ja, man kann sich darüber wundern, dass das heute immer noch so ist, aber das führt leider zu gar nichts. Wichtiger wäre erst mal, anzuerkennen, dass es so ist.

Der Exponent der Kinderangst, die mich damals vollkommen fertigmachte, ist die israelische Soziologin Orna Donath mit ihrer 2015 veröffentlichten Studie »Regretting Motherhood«. Donath befragte 23 Frauen, die allesamt angaben, ihre Mutterschaft lang anhaltend zu bereuen. Die Frauen waren unterschiedlich alt, lebten in unterschiedlichen Konstellationen (Ehe, alleinerziehend, Kinder aus dem Haus) und kamen aus unterschiedlichen sozialen Milieus. Donath betont in ihrem 2016 erschienenen Buch »Regretting Motherhood«, dass es ihr nicht darum gehe, die bei vielen Müttern vorhandenen Ambivalenzen zu beleuchten. Sie konzentrierte sich auf Frauen, die, wenn sie noch einmal die Wahl hätten, keine Kinder bekommen würden oder die ihre Entscheidung gar rückgängig machen würden, wenn das ginge. In Deutschland wurde die Studie enorm engagiert diskutiert. Einerseits wurde entsetzt auf den Tabubruch reagiert, die anonym im virtuellen

Raum herumstehende bereuende Mutter wurde beschimpft und pathologisiert (»Meine Mäuse sind das Wichtigste, was ich habe, wenn ich in ihre Augen sehe … ich kann einfach nicht verstehen, wie man so kalt sein kann! Krank, einfach nur krank«), und man gab ihr immer wieder diesen heißen Tipp, dass sie sich nicht so anstellen solle. Andererseits bewirkte die Veröffentlichung der Studie aber auch, dass sich zahlreiche Frauen trauten, in Blogs und unter dem Hashtag #regrettingmotherhood darüber zu schreiben, wie belastend und schrecklich die Mutterrolle für sie war. Es wirkte, als sei ein streng bewachtes Geheimnis verraten worden, deren Hüterinnen extrem erleichtert darüber waren, endlich einmal gestehen zu dürfen, dass es dieses Geheimnis gab und wie es ihnen damit ging.

Dass es schwierig und eigentlich völlig unmöglich war, ein Kind zu bekommen, hatte ich also längst begriffen. Ich sah es an den angestrengten Gesichtern der arbeitenden Mütter, die ich kannte. Ich glaubte, ihre Wut darüber zu spüren, dass ich mir über so vieles noch keine Gedanken machen musste, während sie sich Woche für Woche ihren Terminkalender ins Hirn tätowieren lassen mussten, in dem nicht ein Zentimeter Platz mehr für sie war. Ich hörte es an ihrem höhnischen, explodierenden Lachen, wenn ich fragte, wie lange ihr Mann denn Elternzeit genommen habe. Ich sah es an den durch die Gewichte der Babys in den Tragetüchern schwankenden Frauen, die die Vormittage bevölkerten und die so schrecklich langsam gingen. Die dabei diesen Warte-nur-Ausdruck wissender Überlegenheit im Gesicht hatten. Ich sah, mit welcher Skepsis und Angst ich diese Bevölkerungsgruppe observierte und dachte, so würdest du dann auch angesehen werden. Und du würdest dann auch diese unzähligen grauenhaften Wörter verwenden müssen, die nur dazu da sind, ihre Benutzer zu entwürdigen: Kita, Pekip, Geburtsvorbereitungskurs, Snuggle, Bugaboo, Manduca, Dudu, Schwangerenyoga, schwanger (überhaupt, dieses runde, geschwollene Wort, das mir nie gefallen hatte, was möglicherweise daran liegt, dass die Abwertung von allem, was damit zu tun hat, in einem bestimmten Milieu so verbreitet ist, doch dazu später).

Ich sah das alles, und es sah schrecklich aus. Sicher, weil mein Kopf ein eigenes Problem hatte (gibt es das? Ein eigenes Problem, das nichts mit dem Außen zu tun hat?). Aber auch, weil überall und wahrscheinlich zu Recht davor gewarnt wurde. Denn tatsächlich wurde die Mutterschaft als Schreckensszenario genauso beschrieben wie als das erfüllendste, beste, schönste Dasein überhaupt. Allerdings wurde die Schreckensszenariofraktion publizistisch eher von dem Milieu abgebildet, von dem ich mich angesprochen fühlte (etwa als es um das Thema Regretting Motherhood ging), während die Mami-Glück-Abteilung eher in Blogs, Werbung und außerordentlich idiotischen Frauenzeitschriften zu finden war. Das heißt: Ich fand, was ich suchte, aber ich suchte auch dort, wo man mich ansprechen wollte. Und genauso verhielt es sich im Real Life: Ich sprach eher mit Müttern, die Akademikerinnen waren und über den ständig laufenden Vereinbarkeitsdiskurs informiert waren und die somit keine Schwierigkeiten damit hatten zu erzählen, wie unerträglich sie ihr Leben mitunter fanden. Ich sprach eher mit ihnen als mit Frauen, die ihr Glück kaum fassen konnten.

Durch die Regretting-Motherhood-Studie wurde also auch noch davor gewarnt, dass man sein Leben durch ein Kind für immer ruinieren könnte, weil man jemand sein könnte, der für die Mutterrolle nicht gemacht ist. Wie ein Virus, das man hat oder eben nicht, und man erfährt es natürlich erst, wenn es zu spät ist.

Unmittelbar nachdem ich erfuhr, dass ich schwanger war, war ich deswegen davon überzeugt, dass mein Leben vorbei war. Egal, wie ich mich entschied. Das hört sich jetzt ein bisschen lustig an, aber das war es nicht.

Möglichkeit eins: Kein Kind, das heißt leer, alleine, traurig und verrückt werden. Würdelos altern unter den Blicken der anderen. Da man das Altern betreffend ja als Frau besonders aufpassen muss, keine gute Option, zumal sie die ebenfalls schreckliche Möglichkeit beinhaltet, dass man irgendwann mit vierzig feststellt, dass man doch ein Kind braucht, worüber man dann noch mal separat verrückt und traurig werden kann.

Möglichkeit zwei: Ja zum Kind und auf der Stelle gestresst, verrückt und leer werden. Mittelfristig Freund und Beruf verlieren. Ggf. nachdem das Kind da ist feststellen, dass man es bereut und gefangen sein wird, forever.

Interessant ist, dass in meinen Durchdrehüberlegungen beide Frauenvarianten mit dem Attribut »leer« verbunden waren. Das Leben einer Frau gilt als leer, wenn sie kein Kind hat, weil sie nicht durch die Freude über das Kind und die Sorge darum angefüllt wird (und wahrscheinlich steckt auch der ziemlich grausige Gedanke darin, dass sie leer ist, weil sie kein Kind in sich hat). Das Leben einer Frau hingegen, die ein Kind hat, könnte als leer angesehen werden, weil sie keine Kapazitäten mehr für intellektuelle Arbeit hat. Der Geist wird leer, die Arbeit steckt in Bauch, Herz und praktischen Tätigkeiten.

Die Geschichte von Judith Hermann und Marcel Reich-Ranicki kannte ich schon lange davor, und ich hatte sie nicht vergessen, niemals. Tatsächlich dachte ich, wann immer ich über Kinder nachdachte, an Judith Hermann und Marcel Reich-Ranicki. Nach der Veröffentlichung von *Sommerhaus, später* hatte Reich-Ranicki der Schriftstellerin eine große Karriere prophezeit. Die aber würde vorbei sein, glaubte er, wenn sie ein Kind bekommen würde. Ein Kind würde ihre Kreativität zerstören.

In meiner Angst hielt ich das für vollkommen plausibel (und halte es noch heute für plausibel, allerdings nur an manchen Tagen). Ich versuchte, mich damit zu beruhigen, dass Judith Hermann weitergeschrieben hat.

Aber nicht mehr so erfolgreich wie vorher.

Das muss nichts mit dem Kind zu tun haben.

Doch die Angst blieb. Wie sollte ich schreiben, wenn mein Blick nicht mehr mir gehören würde? Wenn ich nicht mehr aufstehen, gehen und mich nicht zuständig fühlen dürfte? Um zu schreiben, braucht man Wärme im Blick, ja. Aber eben auch Kälte und Unverbundenheit. Und Zeit. Man muss alleine sein.

Ich verbrachte viele Stunden allein im Bett liegend mit viel Angst und ohne Entscheidung. Ich starrte an die Decke. Ich fragte mich, warum ich überhaupt glaubte, entscheiden zu dürfen, denn ich hatte doch längst entschieden. Ich war schwanger. Mein Freund war zwar beeindruckt, aber er freute sich. Ich hatte Angst für uns beide und starrte weiter an die Decke. Auf meiner Seite des Betts hing ein gerahmtes Bild des Schriftstellers Paul Bowles, in dem Bild ein Zitat von Bowles: »Um einen Roman zu schreiben, muss man alleine sein.« Ich hatte es mal aufgehängt, um meinen Freund und vor allem mich daran zu erinnern. Gelangte ich wieder bei der Frage an, ob ich schreiben und Mutter sein könne, googelte ich Schriftstellerinnen und ob sie Kinder hatten. Ich weiß da jetzt sehr gut Bescheid. Männer interessierten mich nicht, Männer, dachte ich, können aufstehen und gehen.

Virginia Woolf, keine Kinder

Colette, ein Kind

Sylvia Plath, zwei Kinder

Natalia Ginzburg, fünf Kinder (fünf!)

Irmgard Keun, ein Kind (hat nach der Geburt kaum mehr geschrieben, was aber auch am Alkohol gelegen haben kann)

Ingeborg Bachmann, keine Kinder

Joan Didion, ein Kind

Elfriede Jelinek, keine Kinder

Hertha Müller, keine Kinder

Siri Hustvedt, ein Kind

Sibylle Berg, kein Kind

Zadie Smith, zwei Kinder

Hatte ich einen schlechten Tag, dachte ich nachts am Fenster an die Schriftstellerinnen, die keine Kinder hatten, und sah noch lange auf den Hof. War es ein guter Tag, dachte ich an die Schriftstellerinnen mit Kindern und schloss bald das Fenster, weil ich es für möglich hielt, schlafen zu können.

2

Mein Freund und ich flogen nach Israel. Wir lagen auf dem Boden eines Airbnb-Appartements, das im Internet viel größer ausgesehen hatte, und schwiegen. Ich hätte gerne etwas gesagt, denn wir schwiegen zu viel in diesem Appartement. Ich hätte gerne etwas gesagt, aber da war nichts. Das Schweigen war wie eine Treppe hoch in den Wahnsinn, und der Rhythmus unseres Atems machte die Stufen. Ich ging auf die Dachterrasse und sah in den Himmel, der rosafarbene Streifen hatte. Es dämmerte. Ich wollte rauchen, Wodka trinken und Drogen nehmen, aber das ging nicht. Das wären unter normalen Umständen die Mittel meiner Wahl gewesen. Oder Kleider kaufen, aber das ging auch nicht, denn ich wusste nicht, für welchen Körper. Ich ging zurück und legte mich wieder neben ihn. Ich hörte den Takt unseres Atems und konnte nicht mehr. Mit einer Stimme, die klang, als würde sie beim Sprechen umknicken, machte ich ihn darauf aufmerksam, dass sich soundso viel Prozent (es war eine recht hohe Zahl) der Paare im ersten Jahr nach der Geburt ihres Kindes trennen würden. Dass man von Kindern erst mal unglücklich wird (auch da gibt es eine Studie). Dass er es vollkommen vergessen könne, intensiv an seiner Kunst zu arbeiten. Dass er keine Ahnung habe, worauf er sich da einlasse, und mit Sicherheit unterschätzte, wie hart es werden würde. Er sagte, dass ihm die Studien egal seien.

Und seit wann interessierst du dich überhaupt für Studien?

Seit wir nicht mehr wissen, was uns erwartet. Seit ich weiß, dass wir unser Leben bald nicht mehr im Griff haben werden.

Er sagte, er unterstütze mich, egal, wie ich mich entscheiden würde, und nannte das, was in meinem Bauch war, den kleinen Flips. Ich erschreckte mich, war aber auch froh darum, denn ich hatte gehört, dass Babys schlechte Vibes schon im Mutterleib mitbekommen.

Wir gingen zum Strand und schwiegen weiter. Das Schweigen wurde immer lauter, und ich schämte mich dafür. Das Schweigen erzählte klagend, aber ganz ohne sich zu schämen, von meiner Not und seiner Ratlosigkeit. Warum war das Problem bei mir (das heißt literally in mir) und er nur derjenige, der mich »unterstützen« wollte? Ich fragte ihn, warum das so sei, und er antwortete: »Wenn ich sage, ich will, hast du Angst, nicht mehr frei entscheiden zu können. Das heißt: Ich will, aber wenn du nicht willst, bin ich bei dir.«

Ich hasste, dass ich panisch war und er ruhig, genau so, wie es im Drehbuch stand. Warum war das so? Warum glaubte ich trotz der Worte meines Freundes, es sei allein meine Aufgabe zu entscheiden? Weil ich davon überzeugt war, dass ich, im Gegensatz zu ihm, nicht gehen konnte? Ging jetzt das, was man so häufig mit Biologie begründete, los, diese geheime Macht, die Frauen und Männer teilte und von der ich mich immer versucht hatte fernzuhalten, der ich geglaubt hatte, längst entkommen zu sein?

Vorher war diese Teilung stärker spürbar gewesen. Als Mädchen hatte ich es gehasst, dass es die Jungs waren, die um mich werben sollten. Dass ich mir das stumm, heilig und lange ansehen sollte. Wichtig war es gewesen, möglichst oft Nein zu sagen. Die von der zweiten feministischen Bewegung inspirierten Frauen, mit denen ich als Teenager zu tun hatte, sagten, dass Mädchen sich nehmen konnten, was sie wollten. Sie sagten, dass wir genauso sein könnten wie Jungs. Das heißt Jungs, nicht Mädchen waren die Bezugsgröße. Besonders glücklich machte es sie, wenn wir Dinge taten, die typischerweise Jungs taten (Lager bauen, ruppig sein, sich für Technik interessieren). Auch wenn ich glaube, dass die Antwort auf Geschlechterungerechtigkeit nicht ist, dass sich alle verhalten, wie Männer sich angeblich verhalten, hatten diese Impulse bestimmt etwas Gutes, weil sie Bewegung in alte Strukturen brachten.

Praktisch funktionierten die Ratschläge allerdings nicht, weil sie die Regeln des Spiels zwischen Jungs und Mädchen durcheinanderbrachten, was besonders im Teenageralter deutlich wurde. Ein starkes Mädchen irritierte die Jungs, was man ihnen gar nicht übel nehmen konnte. Sie identifizierten einfach einen Systemfehler, nämlich ein Mädchen, das sich nicht mädchenhaft verhielt. Ich wollte rauchen, kiffen, Musik hören und mit dem Auto herumfahren, aber das ging in der Jungs-Crew, mit der ich damals zusammen war, nur, wenn ich die Freundin von jemandem war. Ich wollte aber nicht die Freundin von jemandem sein, ich wollte von selber dazugehören. Von kleinen, unverbindlichen Intimgeschichten mit den Jungs sah ich von vornherein völlig ab, weil ich wusste, wie schnell man dann eine Schlampe war, und eine Schlampe war draußen. Eine Schlampe fiel negativ auf denjenigen zurück, der sich mit ihr abgab. Insofern empfand ich die Möglichkeiten des

Seins (Schlampe oder Freundin) als sehr eingeschränkt, und die Tipps der feminismusinteressierten Lehrerinnen oder Autorinnen der Bücher, die mir meine Mutter schenkte, waren zwar richtig und gut gemeint, aber sie führten auch dazu, dass ich umso genauer verstand, wer ich sein sollte, wenn ich dabei sein wollte. Ich verstand, dass die Jungs, für die ich mich interessierte, zarte, süße Girls wollten, die eindeutig als solche erkennbar waren, damit sie sich ihrerseits sicher sein konnten, dass sie auf jeden Fall Jungs waren. Jungs, die ein zartes, süßes Girl ihre Freundin nennen konnten.

Ich litt darunter, machte aber schnell, was von mir verlangt wurde (wohl eines der Top-Skills, die man Mädchen vermittelt), und versuchte also, ebenfalls zart und süß zu sein. Mal gelang es mir, mal nicht. Das waren erste Erfahrungen, durch die ich merkte, dass ich ein Mädchen war (denn meine Eltern machten zwischen mir und meinen Brüdern tatsächlich keinen Unterschied). Ich merkte es, als zwei Jungs darum wetteten, wer mich rumkriegt. Ich verstand, dass mein Ansehen als Mädchen stieg, wenn ich mich nicht rumkriegen ließ. Ich verstand, dass ich ein Mädchen war, als ich irgendwann trotzdem als Schlampe beschimpft wurde. Ich verstand es, als mein Körper auf dem Schulhof diskutiert wurde wie ein Gerät.

Ich merkte es außerdem an der panischen Schwangerschaftsangst der Eltern (nicht so sehr meiner, sondern der meiner Freundinnen) und Lehrer. Als Mädchen warst du gefährdet. In dir steckte ein beträchtliches Problempotenzial. Du konntest schnell zu einem peinlichen, schambesetzten Fall werden. Wenn du dich rumkriegen ließest, wenn das Sperma von irgendeinem Jungen in dir zurückblieb und du keine Vorkehrungen getroffen hattest – wenn all das mit dir passiert war, obwohl man dich immer gewarnt hatte, und du warst davon schwanger geworden, dann warst du etwas Peinliches, das man diskret zum Arzt bringen musste, damit das Problem entfernt werden und du weiter zur Schule gehen konntest, um Abitur zu machen und dann zu studieren. Jene Schwangerschaftspanik muss vor allem etwas mit der Angst davor zu tun gehabt haben, dass das gesellschaftliche Ansehen eines Mädchens beschmutzt werden, dass Schande über sie kommen könnte, was sehr alt, archaisch und unzeitgemäß klingt. Um eine ernsthafte Sorge um die Zukunft jenes Mädchens kann es jedenfalls nicht so sehr gegangen sein. Denn dieses Mädchen von damals verdient – bleibt man in der Eltern-Zukunfts-Logik – heute weniger und ist nicht so weit oben angekommen wie ein Mann. Falls sie Kinder hat, wird sie irgendwo auf mittlerer Ebene in Teilzeit arbeiten, was aber kaum jemanden so peinlich berührt, wie es seinerzeit die Eltern eines Mädchens von deren Schwangerschaft gewesen wären.

Als anständiges Mädchen, das sich erst spät hatte herumkriegen lassen, fand ich Sex lächerlich und vollkommen albern. Meine Reaktion war allerdings nicht nur diese überlegene Geste des Lachens, ich litt auch darunter. Die jungen Männer, mit denen ich Sex hatte, spielten, so stellte ich rückblickend fest, Pornos nach, die ich nicht kannte. Es war allerdings nicht schwer zu begreifen, dass der Sex dirty und hart sein sollte. Der Imperativ, der sich für mich daraus ableitete, war: »Sei unverklemmt! Hab Spaß!« Der Spaß orientierte sich an in den Pornos behaupteten männlichen Bedürfnissen, die offensichtlich darin bestanden, Frauen zu unterwerfen und ein bisschen beim Sex fertigzumachen. Ich versuchte, dem irgendwie zu entsprechen (Top-Skills), dachte aber auch regelmäßig während des Unterworfenwerdens, dass das hier überhaupt nicht mit dem zusammenpasste, was die Frauen-Power-Autorinnen der Bücher schrieben, die ich zum Geburtstag geschenkt bekam. Ich sah, dass es mir auf keinen Fall so viel Spaß machte wie dem Jungen und seinem soldatischen Sex-Soll-Erfüllungswillen (wobei ich heute denke, dass ich mich da auch getäuscht haben kann). Ich sah das und fragte mich, was das soll, wenn es lächerlich aussieht, keinen Spaß macht und ich, nicht er, danach zwischen meinen Beinen erst mal seinen Matsch aufräumen muss und darüber auch noch Gefahr laufe, zu einer Schlampe, wenn nicht gar zu einem peinlichen Problem zu werden. Obwohl ich Sex als Teenager dumm und überflüssig fand, hatte ich ihn. Mal aus Gewohnheit, mal aus Höflichkeit, aber auch, weil ich nicht verlassen werden wollte, was insofern einer superklassischen Mädchenkonditionierung entspricht, als es das zentrale Anliegen dieses Verhaltens ist, eine Bindung aufrechtzuerhalten, und es ist genau dieses Anliegen, das einen Dinge tun lässt, die man eigentlich nicht tun will.

Die Momente, in denen ich gemerkt hatte, dass ich ein Mädchen bin, wurden immer weniger, als ich die Provinz verlassen und in den Großstädten verschwinden konnte. Die Momente waren fast weg, weil ich mir meine Leute aussuchen und anderen aus dem Weg gehen konnte. Eine Schwangerschaft kam nicht infrage und an der Uni wurde so getan, als gebe es Gerechtigkeit zwischen Männern und Frauen. Es begann damals ein maximal freies, autonomes Leben mit vielen Ortswechseln, und ich liebte es meistens. Manchmal war es mir zu frei (zu viele Möglichkeiten, zu unverbindlich, zu unterschiedslos). Allerdings war die Annahme dieser Lebensform auch die einzig mögliche Antwort eines jungen Menschen auf die Gegenwart, zumindest wenn er ihrer Losung (man muss etwas werden), die Imperativ und Glücksversprechen zugleich war, entsprechen wollte. Und das wollte ich.

Es wurde dunkel, lauter Menschen am Strand von Tel Aviv, die Kinder von Müttern waren. Es gab nichts zu reden, denn es gab nichts zu entscheiden, nicht im eigentlichen Sinn. Beide Lebensmöglichkeiten existierten nur, weil man sie wählen und sich über die möglichen Folgen jener Wahl informieren konnte. Selbstverständlich hätte es niemals anders sein dürfen, und dennoch handelte es sich bei dieser Entscheidung um eine Entscheidung, die nicht entscheidbar war. Es gab keine Gründe, die mir die Entscheidung abgenommen hätten (Gesundheit, Alleinsein, Geld, Alter). Diese Entscheidung war nicht machbar. Diese Entscheidung musste entschieden werden, weil die Möglichkeit bestand zu entscheiden. Diese Entscheidung war zu viel für einen kleinen Menschenkopf, der zu viele Informationen darüber hatte, wie es sein könnte, der aber eben noch immer nicht in die Zukunft sehen konnte, um zu wissen, was er wollen würde, wenn es zu spät war. Weil ich nicht wusste, was ich tun sollte, aber irgendetwas tun musste, weil ich es gewohnt war, Probleme sofort zu lösen, wenn sie da waren, buchte ich einen Flug zurück nach Berlin. Meinem Freund sagte ich, er solle in Tel Aviv bleiben und den Urlaub zu Ende machen. Ich wolle allein entscheiden, wie ich immer alles alleine entschieden hatte. Aber er kam mit mir, und das war gut für uns drei. Der Flug hatte starke Turbulenzen, ich schloss die Augen und dachte, dass wir von mir aus gerne abstürzen könnten. Ich bin sicher, dass dieser Flug uns gerettet hat.

Am 13. November 2015 wurden bei einem Terroranschlag des IS in Paris 130 Menschen ermordet. Ich lag zu Hause auf dem Sofa, weil mir schlecht war, und ich habe mir diesen Tag gemerkt, weil es der Tag des Anschlags war und ein Tag, an dem ich zum ersten Mal dachte, dass ich Mutter werden würde. Möglicherweise traute ich mich diesen Gedanken an jenem Tag zum ersten Mal zu denken, weil es so ein schrecklicher, todbringender Tag war und es da eine intuitive, sentimentale Verbindung gab zu dem ungeborenen Leben in mir, das gut war und das ich schützen wollte.

Es gab keinen Tag der Entscheidung. Es war ein Entscheiden, von dem ich gar nichts merkte. Es passierte ohne meinen zu dieser Zeit völlig wunden Verstand, der mich fortwährend mit Studien, Artikeln und Listen, die ich erstellte, terrorisierte. Irgendwann war ich zu weit gegangen und war da. Mein Verstand kämpfte weiter, aber ich konnte nicht mehr zurück, wobei ich diese Aussage vorher jederzeit als spirituelles Biosupermarktgelaber abgetan hätte, was mich in jener Situation aber nicht interessierte, weil sie zu existenziell war. Und ich fragte mich: Vielleicht ist es vielen dieser Eltern ja aus genau diesem Grund so egal, peinlich und uncool (verzottelt rumlaufen, kitschbereit, entwürdigende Wörter sagen etc.) zu sein. Unzählige Male hatte ich Eltern sagen gehört, dass so ein Kind größer sei als man selbst, bestimmte Dinge würden einem dann einfach egal werden. Das klingt nach einer Plattitüde (und klingt natürlich nicht nur so), beschreibt aber auch eine Einsicht in die Generativität. Eltern ist es egal, wenn sie uncool sind, sie widmen sich der Fürsorge eines Kindes und setzen alles daran, dass dieses Kind selbstständig wird, also selbstständig cool wird, bis es schließlich selber bereit dazu ist, uncool zu werden, nämlich beiseitezutreten und für andere zu sorgen, die nun dran sein sollten. Sich einzureihen. Nichts passt schlechter in einen Kopf, der dazu ausgebildet worden ist, dran zu sein, und ich schwor mir an jenem 13. November also, dass ich niemals peinlich werden würde.

An jenem Abend passierte noch etwas. Von draußen hörte ich ein Brüllen, ein böses Brüllen, das aus der Tiefe eines wütenden Körpers kommen musste und das an den Schrei eines Tiers erinnerte. Ich hatte es schon häufiger gehört, es aber erst nach einer Weile als dieses eine bestimmte böse Brüllen identifiziert, weil es in unserer Straße häufiger um Bier, Scheiße und Geschrei ging. Man musste sich schon Mühe geben, um sich da hervorzutun. Auf dem Sofa liegend, hatte ich erst gezögert aufzustehen. Aber als das Brüllen nicht aufhörte, stand ich auf und ging raus, um zu sehen, wer da brüllte. Es war, als würde die Luft schreien, und es war ganz nah. »Mohammed ist ein Hure«, immer wieder, »Islamistenschweine« und »Ali stirb« brüllte da jemand in einer Straße, in der viele Moslems wohnten. Aber ich sah ihn nicht, nicht auf der Straße, nicht vor dem Fenster, vor dem die Besoffenen häufiger standen, und auch nicht vor irgendeiner Haustür. Erst als ich mich über den Balkon beugte und an unserer Hauswand nach unten guckte, sah ich den dunklen Umriss eines Mannes, der auf einem Balkon unseres Hauses stand und brüllte. Wenig später ging er rein. Ich blieb noch eine Weile stehen und dachte daran, dass ich mir diesen Tag merken würde.

In einem Jahr, hatte ich damals gedacht, wirst du daran denken, dass vor einem Jahr der Anschlag war und dass du damals schwanger warst und jetzt ein Kind hast. Und dann war es so. Ich testete vorsichtig, wie es war, sich darauf zu freuen. Ich wusste nicht richtig wie, denn ich hatte nie ein Kind gehabt. Eine Freundin sagte, dass sie, seit sie ein Kind habe, das Gefühl habe, sie tue das Richtige. Wenn ich Angst hatte, dachte ich daran und dass die Wahrscheinlichkeit, dass ich das Leben mit Anfang vierzig furchtbar finden würde, relativ hoch war, weil ich das Leben immer wieder irgendwie furchtbar gefunden hatte, mal mehr, mal weniger. Und dass ich, wenn ich dann kein Kind hatte, bestimmt davon überzeugt sein würde, es liege daran. Also tat ich das Richtige. Ich hätte mir das gerne irgendwo schriftlich bestätigen lassen, aber das ging nicht, und dann googelte ich weiter nach Autorinnen und der Frage, ob sie Kinder hatten, und wie hoch die Wahrscheinlichkeit war, dass ich es bereuen würde, und ob das Baby das gerade alles hier mitbekam. Ich dachte, dass ich viel mehr an das Baby und weniger an mich denken sollte, wie das normale Mütter im Internet tun.

3

Man merkte, dass draußen irgendetwas nicht stimmte. Das, was später die »Silvesternacht von Köln« oder nur noch »Köln« genannt wurde, markierte einen Wendepunkt im öffentlichen Bewusstsein, denn das Wir-schaffen-das-Germany war sich plötzlich doch nicht mehr so sicher, ob es diese ganzen Geflüchteten hier haben wollte. Das heißt: Es gab viele Menschen, die sich weiterhin sicher waren, aber der Teil Deutschlands, der Angst vor den Geflüchteten hatte, war nicht mehr zu überhören. Menschen machten wie verrückt kleine Waffenscheine und kauften Pfefferspray. Regelmäßig wurden Flüchtlingsheime angegriffen. Die Medien, die von den Menschen mit Angst »Lügenpresse« oder »Systemmedien« genannt wurden, berichteten immer mehr von »den Abgehängten«, die ihnen und dem politischen System misstrauten und sagten, dass man ihnen mehr zuhören müsse (interessant, denn wie genau sollte das stattfinden, dieses Zuhören? In den Dörfern und Vororten vorbeifahren und fragen, ob man reinkommen darf? Würde die Geste der Überlegenheit, ja, das tatsächliche Runterbeugen, das dieses Zuhören auch bedeutet, hier überhaupt helfen, da genau diese Geste doch Teil des Problems war? Und dann? Was würde nach dem Zuhören passieren?). Die »Abgehängten« nannten die Vertreter des Systems (Politiker, Journalisten, Finanzmenschen, alle, die aussahen, als hätten sie Geld, und »das System« eigentlich

gut fanden), dem sie nicht mehr glaubten, »die Eliten«.
»Die Eliten« verstanden sich zwar als solche, wollten aber
nicht so genannt werden und konstatierten eine »soziale
Spaltung« im Land und wollten die »Abgehängten« verstehen beziehungsweise da *abholen*, wo sie waren. Die AfD
erreichte bei der Landtagswahl in Baden-Württemberg
15 Prozent. In Brüssel Terroranschläge, Großbritannien
stimmte schließlich dafür, die EU zu verlassen, und Trump
machte während des Wahlkampfs täglich irgendwelche
Sachen, die man auf keinen Fall für möglich gehalten hätte.

Drinnen, oben im vierten Stock hinter unserer Wohnungstür, war es still. Das Internet brachte mir all diese
Ereignisse dort hoch, wo ich saß, weil der Mutterschutz
begonnen hatte. Ich traf Menschen im Treppenhaus, die
ich noch nie gesehen hatte, Menschen, die wohl gemeint
waren, wenn man von Abgehängten schrieb, die man
irgendwo abholen wollte. Ein großer, schwerer Mann mit
Alkoholhaut und Cowboyhut, der nicht zurückgrüßte,
wenn man ihm »Guten Tag« sagte. Einmal sah ich, dass
auf dem Balkon schräg unter uns irgendwelche Innereien
hingen, die ich der arabischen Familie zuordnete, deren
Vater zu Boden sah, wenn wir aneinander vorbeigingen. Jedes Mal, das ich die achtzig Stufen nach oben besiegen
musste, war anstrengend, weswegen es mich Überwindung
kostete, das Haus zu verlassen. Ich tat es doch, weil ich
nichts zu tun hatte. Ich bekam keine wichtigen Mails mehr
und keine Anrufe, ich hatte keine beruflichen Termine
und musste keine Züge oder Flugzeuge oder Konferenzen
pünktlich erreichen. Ich ging nach der Arbeit nicht mehr
schnell in einen dieser hellen, cleanen Läden und zog meine
Kreditkarte durch das Lesegerät, um mich mit diesem kurzen Gefühl von Wirksamkeit zu belohnen. Alles, was vor-

her das professionelle Piepen und Klingeln bedingt und mir vermittelt hatte, dass ich jemand war, der in dieser Gesellschaft eine Rolle spielte oder zumindest zu ihr gehörte (zu den Leuten mit iPhones, Studium, Mittagessen, Geklingel), war weg. Ich lief nun nicht mehr als jemand durch die Straßen am Rand, der dadurch entspannt wurde, dass er wusste, dass seine echten Bezugsgrößen hinter der Grenze lagen, wo er in Wahrheit zu Hause war.

Wenn ich lief, fiel mir vor allem auf, wie viel Hässlichkeit in diesen Straßen vor der Grenze war. Die nicht weggeräumte und zertretene Scheiße in der Mitte des Bürgersteigs, die Sofas, Sessel und Kühlschränke, die dort abgestellt wurden, wenn sie nicht mehr gebraucht wurden, und die dann im Regen vergammelten, was aussah, als würden sich die Menschen vor die eigene Haustür scheißen, weil es: egal war. Man brauchte sich keine Mühe zu geben, denn wenn man es nicht selbst tat, würde jemand anderes kommen und seine Scheiße abstellen. Ich sah den Schrott, der in Billigshops angeboten wurde. Ich fragte mich, wie die Menschen diese konstanten Beleidigungen Tag für Tag aushielten, und fand es vor diesem Hintergrund nachvollziehbar, wenn sie irgendwann zu dem Ergebnis kamen, dass man darauf nur mit noch mehr Scheiße antworten konnte. Ich roch das Bratfett und den billigen Tabak. Ich sah die grellen Farben, die billigen Materialien, die, in den Schaufenstern ausgestellt, vor allem damit beworben wurden, dass sie wenig kosteten. Ein-Euro-Shops, Ein-Euro-Land, Friseure, deren Preise auf zerfledderter Folie an die Innenseiten der Fenster geklebt waren, Fenster von privaten Wohnungen mit gelblichen Spitzengardinen, Topfpflanzen und verblichenen Dekorationsobjekten (Stofftiere, Stoffherzen), so, als wäre es den Bewohnern irgendwann mal nicht egal gewesen, bis sie doch aufgegeben hatten. Dazwischen vereinzelt Straßen und Ecken, in denen Menschen, die ich bürgerlich nennen will (Menschen, die ihre Scheiße einsammeln, solange man ihnen dabei zusieht, weil sie sich als Teil von etwas verstehen und Wert auf den Eindruck legen, den sie hinterlassen), versuchten, Cafés nach ihrem Geschmack zu etablieren, in denen Quiches angeboten wurden und man zu den To-go-Bechern keine Plastikstäbchen, sondern recycelbare Holzlöffel bekam. Keinen weißen Zucker, sondern braunen Zucker.

Die Mieten, hörte ich immer wieder, würden enorm steigen, aber ich sah die Menschen, die diese Mieten bezahlten, nicht. Wahrscheinlich gingen sie, wie ich vorher, ganz einfach arbeiten. Ich sah: Rollatoren, fahle Staubhaut, schlechte Zähne und Hunde, überall Hunde, deren Besitzer sie anschrien oder sich ganz normal mit ihnen unterhielten. Vor den Wettbüros Männer, die telefonierten, deren schwarze Haare sorgfältig frisiert waren und die mir, seit ich sichtbar schwanger war, nicht mehr hinterherriefen. Die Männer bewegten sich, als hätten sie einen riesigen Schwanz, der ihnen das Gehen unmöglich machte, wahrscheinlich weil sie sonst nicht viel Macht hatten, außer vielleicht über ihre Frauen, Töchter und Mütter, und das ist ein Klischee und insofern problematisch, genauso wie die Frage, ob es notwendig ist zu erwähnen, dass diese Männer schwarze Haare hatten, womöglich Migranten waren. Ich weiß nicht, wie ich dieses Problem lösen soll, ich bin sicher, ich kann es nicht lösen. Denn es ist nicht in diesem Text oder in meinem Kopf, es ist in dieser Gesellschaft. (Warum besteht in Deutschland so ein starker Zusammenhang zwischen Herkunft und dem, was später mal aus einem wird? Warum gehen Kinder von Migranten mit

Kindern von Migranten zur Schule und wohnen in Gegenden, in denen Migranten wohnen? Warum machen in den Schulen, die Migranten besuchen, so wenige Migranten Abitur? Ein Junge jedenfalls, der das Kind von Migranten ist und aus irgendwelchen Gründen studiert – also, oh Gott, mehr wie *wir* ist –, steht nicht breitbeinig vor einem Wettbüro und erniedrigt Frauen, ohne sich wirklich darüber im Klaren zu sein, dass er das gerade tut. Dieser Junge hat aber möglicherweise durchaus schwarze Haare.)

All das hatte ich schon immer gesehen, es aber nie persönlich genommen. Ich hatte es interessant gefunden, weil ich gehen konnte. Weil das nicht mein Leben war, sondern eine Situation, die ich immer wieder verlassen konnte.

Ich musste jetzt langsamer gehen und bekam manchmal schlecht Luft. Ich war nicht mehr so schnell wie vorher. Die Haut über dem Bauch war so gespannt, dass ich fürchtete, sie würde platzen, wenn etwas dagegenstieß. Irgendwie wund, dachte ich. Ein exponierter Körper, der sich Millimeter für Millimeter in die Welt ausdehnte. Zwischen den Menschen, die mir vollkommen vergessen vorkamen, hielt ich mir dann, wenn ich durch die Straßen lief, den Bauch und fühlte mich genauso vergessen, dachte aber, dass ich nun aussah wie eine vorbildliche und richtige Schwangere. Wie eine, die keine Zweifel hatte und glücklich war und sich den Bauch streichelte. Eine, die sicher war, weil sie das Richtige tat, weil Kinderkriegen das ist, was Frauen schon immer getan haben.

Natürlich ist das eine Projektion, denn natürlich können nicht sämtliche schwangere Frauen umherlaufen und ständig sagen: »Ich bin übrigens nicht immer glücklich und habe übrigens meine Zweifel.« Aber ich konnte nicht glauben, was ich da gerade wurde. Ich glaubte, dass ich irgendetwas falsch machte und nur eine Schwangeren-Darstellerin war. Denn ich machte ja gar nichts. Es passierte einfach, und ich sah mir dabei zu. Fortwährend, sodass ich, auch wenn ich alleine war, das Gefühl hatte, ich beobachtete mich mit den Augen der anderen. Ist es okay, hochschwanger Fahrrad zu fahren? Auf Partys mit Rauch zu gehen? Fast Food zu essen? Zur Maniküre zu gehen? Gestresst und gar nicht ausgeglichen zu sein? Ich fand das alles komplett okay, aber sobald ich mich mit den Augen der imaginierten anderen sah (den aufgeklärten akademischen Individuen spätmoderner Prägung mit fancy Jobs, den Menschen aus meiner Filterblase), bekam ich Zweifel und fürchtete, nicht mithalten zu können.

Schon zu Beginn der Schwangerschaft hatte ich es vollkommen absurd gefunden, meinem Chef, erwartungsgemäß ein Mann, mitteilen zu müssen, dass ich schwanger war. Schwanger sein, das bedeutete, dass ich wahrscheinlich Sex gehabt hatte, es bedeutete, dass in meinem Körper nun Dinge vor sich gingen, die irgendwann und wenn alles gut lief, damit endeten, dass aus mir ein Baby herauskam (was ich ja selber für völlig grotesk und unrealistisch hielt). Dieses Thema (und die Bilder, die es einem implizit in den Kopf reinproduziert) mit meinem Chef, dem Exponenten der professionellen Welt in meinem Leben, besprechen zu müssen fand ich unangemessen. Und natürlich kann man jetzt dieses Die-natürlichste-Sache-der-Welt-Zeug entgegnen, was aber nicht hilft, wenn man der eigenen Natürlichkeit skeptisch gegenübersteht beziehungsweise bis dahin überhaupt keine Ahnung von ihr hatte. Und außerdem in einem in jeder Hinsicht, also auch eine Schwangerschaft betreffend, hoch spezialisierten, von Planbarkeit und Kontrolle besessenen Umfeld sozialisiert wurde und davon selber vollkommen besessen ist.

Sicher wäre es etwas anderes gewesen, wenn mein Chef eine Frau gewesen wäre. So wählten wir beide einen maximal professionellen Ton, einen viel förmlicheren als sonst. Ich hatte das Gefühl, ihn auf unangemessene Weise mit meiner Körperlichkeit zu konfrontieren. Ich schämte mich, ohne dass ich in jenem Moment hätte benennen können, wofür eigentlich. Er beglückwünschte mich etwas zu oft, so, als wolle er mir versichern, dass er nicht vorhabe, mich in Zukunft wegen meiner Schwangerschaft zu diskriminieren, auch wenn ihm diese vielleicht gerade nicht so richtig in den Plan passte. Doch, er freue sich sehr über diese Nachricht.

Dieses Chefgespräch, so fand ich, markierte meine Inbesitznahme. Zunächst war es mein Körper gewesen, der mir mitgeteilt hatte, dass meine Herrschaft vorerst vorbei sei. Er funktionierte nicht mehr, wie ich das von ihm erwartete. Er wurde runder, was ich schön fand, aber irgendwie auch obszön. Im Büro wirkte dieser eigensinnige Bauch wie ein Fremdkörper, der davon erzählte, dass es auch in unserer Welt immer noch um Fleisch und Sex geht, um Werden und Sterben. Obszön also, weil dieser Körper nicht zu dem passte, was ich in dieser Welt vorher gewesen war. Weil mir jeder dabei zusehen konnte, wie diese sogenannte Natur mir passierte. Wie Verstand und Geist nur noch Zeuge davon werden konnten, dass und wie ich entmachtet wurde. Wie ich schwach, weich und rund wurde, also all das, was man typischerweise Frauen zuschreibt, und ich verstand in diesen Monaten, wie viel Mühe ich mir bisher gegeben hatte, all das nicht zu sein.

Nachgeben, Schwäche und Weichsein sind Verhaltensweisen und Eigenschaften, mit denen man zumindest in der professionellen Welt nicht besonders weit kommt. Außerdem hatte ich irgendwo unterwegs zu meinen zweiunddreißig Jahren gesehen, dass die Abhängigkeit von Frauen, die diese Eigenschaften hatten, zu Situationen führte, in denen sie nicht gehen konnten. Frauen, die von Männern schlecht behandelt wurden und sich schlecht behandeln ließen, weil sie dachten, nicht ohne sie sein zu können. Weil sie befürchteten, dann alleine zu sein und es zu bleiben. Frauen, die nicht gehen konnten, weil sie sich für die Harmonie im Haus verantwortlich sahen oder weil sie finanziell abhängig waren. Woraus ich geschlossen hatte, dass Passivität, Schutzbedürftigkeit und Angewiesenheit das Schlimmste, das Allerschlimmste waren.

Man muss den Zustand einer Schwangerschaft nicht notwendigerweise auf diese Weise empfinden und deuten. Ich aber empfand ihn mit meinem turboökonomischen Kopf so, und ich glaube, dass es da einen Zusammenhang gibt. Nämlich zwischen dem Funktions- und Erfolgswillen in einem kapitalistischen System einerseits und der Geringschätzung von Weichheit, Schutzbedürftigkeit andererseits. Und da die genannten Eigenschaften eher Frauen oder dem Konstrukt des Weiblichen zugeschrieben werden, kann man es auch eine grundsätzliche Geringschätzung »des Weiblichen« (oder besser: was man sich darunter vorstellt) nennen, was doppelt feindlich ist. Die Zuschreibung ist es und die Geringschätzung an sich.

Ich verstand in diesen Monaten außerdem, dass es hier ganz einfach nicht mehr um mich ging. Ich war Trägerin, ich diente nur. Ich war zum Verschleiß freigegeben (was man niemandem vorwerfen kann, es ist so, aber seit wann kam ich mit einem »es ist so« klar?). Ich musste mich ein-reihen, wichtig war das Neue, was nun entstand. Dieses Kleine, was mich immer häufiger von innen kitzelte und schließlich so groß war, dass es meinen Bauch hin und her schob, was exakt aussah wie diese eine Szene aus *Alien* in der Sigourney Weaver einen Außerirdischen in sich beherbergt, der nach draußen will. Und was ich ebenso unheimlich wie schön fand.

Zurücktreten, annehmen, aushalten, das heißt: Zum Frauenarzt gehen, sich in diese eigentlich indiskutable, selbstverständlich aber notwendige Position begeben und examiniert und kontrolliert werden (und ich sage nicht, dass das falsch ist, es ist im Gegenteil eine Errungenschaft; ich sage nur, dass es der examinierten Frau ein bestimmtes, ein für mich schambesetztes Gefühl vermittelt). Angefasst werden von irgendwelchen Menschen, die gerne schwangere Bäuche anfassen und das auf der Stelle tun müssen (sie müssen, ihre Augen leuchten, und sie müssen einfach). Da-rauf hingewiesen werden, dass die Eiswürfel im Wasser-glas für Schwangere nicht empfehlenswert sind. Von dem eigenen Körper darauf hingewiesen werden, dass man sich mit ihm ins Bett legen muss, sofort, und die eigenen Pläne vergessen kann. Ich dachte irgendwann, dass diese Lektio-nen, die mir und unzähligen Frauen vor mir erteilt wurden, einen Effekt haben mussten. Einen, den man als Frau, die eigene Seinsweise betreffend, verinnerlicht, den man aber möglicherweise auch weitergab an die Frauen, die nach einem kommen. Nämlich dass es zum Leben einer Frau gehört auszuhalten, zu ertragen und sich zurückzustellen. Zu dienen. Zu verstehen, dass man klein ist und Teil einer Abfolge von Generationen. Man könnte es auch positiv formulieren und von Demut und Einsicht sprechen. Tatsächlich ist eine Gesellschaft ohne die aufgezählten Eigenschaften und Verhaltensweisen undenkbar. Aber es ist ungerecht, dass Frauen dafür zuständig sind und wie gering sie geschätzt werden für all das Weiche, Pflegende und Ausgleichende. Für das, was unsichtbar ist, aber existenziell.

Es waren noch ein paar Wochen bis zur Geburt, und ich versuchte noch schnell einen Roman anzufangen, um meine Angst zu besiegen, dass ich, wenn das Baby da war, nicht mehr würde schreiben können oder gar wollen. Ich wusste recht bald, dass mein Versuch aussichtslos war, konnte es aber nicht lassen. Als ich wieder einmal vor dem Rechner saß und gegen die Geschichte kämpfte, die ich versuchte zu schreiben, klopfte es an der Wohnungstür. Es war Herr Kozlowski.

»Ihre undichte Decke«, sagte er.

Tatsächlich tropfte bei uns seit ein paar Wochen Wasser von der Decke, wenn es regnete. Ich hatte deswegen versucht, mit der Hausverwaltung zu sprechen, die sich, als es mir schließlich gelungen war, nur so mittel dafür interessiert hatte. Sie hatte dann aber doch versprochen, jemanden vorbeizuschicken, und das war Herr Kozlowski, den ich bereits von früheren Gelegenheiten kannte. Er hatte wie immer einen roten Kopf, war aufgeregt und schrie mehr, als er sprach. Das mit dem Regen könne er jetzt erst mal nicht lösen, da müsse er mir »andere Männer« vorbeischicken.

»Aber achten Sie in Zukunft darauf, dass die Haustüre zu ist. Richtig fest zu.«

»Die geht aber nicht zu.«

Er verdrehte die Augen und zeigte auf meinen Bauch.

»Was ist los?«, fragte ich.

»Die Hausverwaltung muss unten eine neue Haustür einbauen. In Ihrem Zustand.«

»Macht sie aber nicht.«

»Nein, macht sie nicht.«

Er suchte in seiner Brusttasche nach einer Zigarette und wollte sie sich gerade anzünden, als er erneut mit dem Kopf schüttelte. Er behielt die Zigarette in der Hand, hob den Zeigefinger und hielt ihn mir vors Gesicht.

»Gute Frau, achten Sie darauf, dass die Tür zu ist, wir haben hier Junkies auf dem Dachboden. Die wohnen da oben.«

»Oh.«

»Ja, ich habe schon ein Schloss angebracht, aber das haben sie wieder aufgebrochen. Wenn Sie oben auf dem Dachboden was hören, rufen Sie die Polizei.«

»Was heißt, die wohnen da oben?«

»Spritzen. Matratze, Decken, Kleider, Socken. Sehr ekelhaft, wirklich ekelhaft. Die kommen abends und gehen morgens wieder.«

»Okay.«

»Also rufen Sie die Polizei, wenn Sie was hören. In einem von den Kellern ist auch eingebrochen worden von diesem einen Mann.«

»Der, der immer so schreit?« Ich hörte ihn inzwischen regelmäßig. Zwei-, manchmal dreimal die Woche.

»Ja, ich sage Ihnen, der ist wirklich verrückt. Wirklich verrückt. Aber die Polizei sagt, sie kann nichts machen. Ist nicht zu glauben.«

Wieder zeigte er auf meinen Bauch. »Ich meine, in Ihrem Zustand...«

»Scheiße.«

Er kratzte sich am Kopf, sah auf den Boden und rieb an einem weißen Farbfleck auf seiner dunklen Arbeitshose. »Ich meine, was ist das für ein Staat, in dem die Polizei nichts machen kann. Ich sage es Ihnen ehrlich, ich will die Todesstrafe wieder. Anders geht es nicht. Ich bin extra nach Deutschland gekommen, aber hier ist es viel schlimmer. Kaputt, kaputt, kaputt. Kaputte Menschen. Außerdem, wo ist die Polizei? Ich sehe die hier nicht auf der Straße.« Er war mit jedem Satz lauter geworden und sah mich nun kurz, aber auffordernd an. So, als finde er, dass ich ihm das erklären müsste, und habe dabei gleichzeitig ein schlechtes Gefühl. Das Gespräch stockte, wir wussten beide nicht, was wir sagen sollten. Ich überlegte, ob ich der Idee mit der Todesstrafe widersprechen sollte, entschied mich aber dagegen. Er und ich, wir hatten miteinander nichts zu besprechen. Ich hielt ihn für undifferenziert und unwissend. Das, was er mir an Lebenserfahrung und dem von mir unterstellten Härtegrad jener Erfahrungen vor"aushatte, interessierte mich, allerdings eher, wie mich ein Film oder Artikel interessiert. Wofür er mich hielt, weiß ich nicht, wahrscheinlich vor allem für eine schwangere Frau. Ich sah nicht, wo wir uns hätten treffen können. Oder wollte ich nicht? Das Geschrei, der zu intensive Geruch nach Waschmittel, Deodorant und Schweiß, der Ohrring, die Zigarettenmarke, das dumme Gerede, das eklige Gerede. Sätze wie »Ich will die Todesstrafe wieder« riefen bei mir Ekel hervor.

Diese Sätze, der Geruch, die Kleidung – sie aktivieren ein Selektionssystem: Zack, nicht mein soziales Bezugsmilieu, gehört zu anderen, den Verrückten vielleicht, die, die in Dresden mitlaufen würden. Und insofern läge Herr Kozlowski richtig, wenn er mich arrogant nennen würde, desinteressiert und unerreichbar, wenn er mich womöglich als Teil jener »Eliten« sähe, denen er misstraut. Wird mein Klassismus durch diese Einsicht besser oder schlimmer? In jedem Fall glaube ich nicht, dass ich seine Todesstrafenüberzeugung hätte ändern können. Und vielleicht ist es genau diese angenommene Pflicht zur Belehrung und Bekehrung, die Menschen, die sich »abgehängt« fühlen, so wütend macht und sie in ihren Annahmen bestätigt.

Herr Kozlowski musste dann weiterarbeiten. Eilig fügte er noch »in Ihrem Zustand« hinzu und sagte, dass mein Freund auf mich aufpassen solle und er jetzt gehen müsse. Ich verriegelte die Tür hinter ihm.

Ich brauchte neue Termine und wollte meine Sache als Schwangere gut machen. Ich wollte tun, was man dann tut. Das Yogastudio lag hinter der Grenze und war ein Tempel für alle, die ein gutes Leben haben wollten. Roséfarbene Wände, ostentative Freundlichkeit, ausgeglichenes Herumgeschleiche, die von den Bewohnern der Agenturen, Kanzleien und Shops angestrebte Gegenwelt, in der sich aggressiv entspannt wurde. Es war gut zu sehen, dass ich auch diese Welt ganz leicht betreten konnte. Die geputzte und aufgeräumte Welt, deren Farben aufeinander abgestimmt waren und deren Mitglieder ihre Sprachregelungen und Annahmen teilten.

Eine Gruppe von schwangeren Frauen versammelte sich in einem lichtdurchfluteten Raum mit Holzboden und hellen Vorhängen. Es roch nach Rose und Hautcreme. Unter der Anleitung der schönen Kursleiterin sollten wir unseren Körper, unser Selbst und das Baby spüren und kennenlernen, was mir sofort auf die Nerven ging. Sicher weil ich befürchtete, dass ich diese Baby-Challenge nicht würde bewältigen können, um dann sofort nach dem Kurs »früh-kindliche Bindungsstörungen« und »How to bond with your unborn baby« zu googeln. Denn bei mir war da noch kein Bonding vonstattengegangen. Ich wollte, dass es dem Baby gut ging, das ja. Aber ich kannte es nicht, ich hatte es noch nie gesehen, und auch wenn überall stand, dass es anders sein sollte, wusste ich nicht, wie es sich fühlt, was mich, obwohl ich vorhatte, mich nicht unter Druck zu setzen, unter Druck setzte. Die Ansprache der Kursleiterin ging mir außerdem auf die Nerven, weil ich das Gesäusel nicht mochte und mich in einer Art Frauenclub wiederfand. Den Mitgliedern war offenbar säuselnd zu begegnen, und der Kurs erschien mir in seiner Homogenität wie eine Vor-bereitung darauf, dass das Baby das Leben teilen würde in eine Welt der Frauen, in der es um Weiches ging, und in eine Welt der Männer, die sich in der harten Außenwelt aufhielten, was ich auf meiner Yogamatte auf keinen Fall zu akzeptieren bereit war.

Mit sanfter Stimme erklärte die Kursleiterin uns, was wir zu tun hatten und wie sehr es auf das richtige Atmen ankam, und dann schwollen in rhythmischer Abfolge Atemgeräusche an und wieder ab. Die anderen Frauen sahen vorbildlich aus. Es wirkte, als hätten sie das mit dem Selbst, dem Atmen und dem Baby völlig raus, als seien sie Bilder ihrer selbst im Idealzustand. Ich dagegen fand meine Performance als werdende Mutter komplett un-zureichend. Sie waren glücklich und sauber, sie wurden, in-dem sie dort saßen und atmeten, heilig in meinem Blick. Sie saßen nebeneinander und beteten. Sie produzierten Bilder von erfüllten Schwangeren, die endlich bei sich selbst angekommen waren, ganz so, wie es vorgesehen war. Sie würden bestimmt niemals auf die Idee kommen, mit einem Baby in einer schäbigen Dreizimmerwohnung in einer schäbigen Gegend zu wohnen. Ohne Zimmer für das Baby, ohne Sicherheiten für das Baby.

Es wurde nicht gelächelt oder miteinander gesprochen. Wenn überhaupt, betrachtete man sich aus den Augenwinkeln (wie in der Schule bei Klassenarbeiten, um zu gucken, ob der Nachbar weiter war als man selbst). Abchecken, schnell in eine andere Richtung sehen, damit keine Interaktion passierte, weswegen man über die anderen annehmen konnte, was man wollte. Unter der sorgfältig arrangierten Decke aus Rosenduft, Entspannungswillen und Sanftheit entstand so eine Feindlichkeit, die immer größer wurde. Es ist schwer, über diese Feindlichkeit zu schreiben, weil sie sich nicht beweisen lässt und immer die Möglichkeit besteht, dass sie allein in meinem Kopf war. Das glaube ich aber nicht, wenngleich ich mit Sicherheit wie alle Anwesenden an ihrer Entstehung beteiligt war. Zunächst misstraute ich meiner Beobachtung und glaubte nicht, dass es diese Feindlichkeit gab. Schließlich verstand ich sie nicht.

Aber wahrscheinlich war ich nicht die Einzige, die sich falsch fühlte und nicht verstand warum. Wahrscheinlich waren alle Frauen, die zur Seite blickten, damit beschäftigt, ihre Richtigkeit mit der anderer abzugleichen. Oder sich selber richtiger zu fühlen, indem sie eine andere abwerteten. Die Figur, die Kilos, die sie schon zugenommen hatte, den Zustand ihrer Haut, das Wasser, das sie trank, das Wasser, das sie eingelagert hatte, die Zusammenstellung und Qualität ihres Outfits, den Zustand der nackten Füße, den Zustand der Yogaübungen, den Zustand allgemein: entspannt oder gestresst?

Zu diesem Zeitpunkt wusste ich noch nicht, wie sehr

ein Baby auch den Start eines Wettlaufs um das bessere, das richtige Leben bedeutete. Dass es einem wichtig wird, dass man ein richtiges Leben hat, das man anderen zeigen kann. Dass man beginnt mitzuturnen und Angstschweiß um den eigenen sozialen Status zu produzieren. Dass man einen aggressiven Willen entwickelt, dass die Dinge gut sein sollen, vor allem für einen selber.

Ich wurde nicht heilig, hoffte aber, dass ich ein bisschen so aussah. Dass ich in den Augen der anderen wenigstens ein wenig den Eindruck erweckte, zu dem, was mich erwartete, in der Lage zu sein. Ich versuchte, auf einem Bein stehend die Balance zu halten, und erinnerte mich daran, dass ich einen guten Job hatte, als ich strauchelte. Mindestens genauso gut wie der von den anderen Bitches, die bestimmt alle reiche Männer hatten, und selbst wenn sie krasse Wohnungen voller Vitra- und Vintage-Bauhaus-Shit hatten und ich wahrscheinlich alles darum geben würde, mal in dem toll designten Babyzimmer ihres zukünftigen Babys zu übernachten, gehörte das nicht ihnen. Ich fand meine Gedanken dumm und klassisch frauenfeindlich, so wollte ich niemals denken, und turnte weiter. Schräg gegenüber war eine Frau, die ich immer wieder hatte angucken müssen. Sie war groß und trotz des Bauchs sehr schlank. Sie trank dieses Fiji-Wasser mit der rosafarbenen Blume auf dem Etikett. Sie trug Leggings von Falke aus der Yogakollektion und ein Sweatshirt von Calvin Klein. Ihre Füße waren nicht lackiert, aber eindeutig professionell bearbeitet. Sie beherrschte jede der Übungen. Sie entspannte sich mit ganzer Kraft und würde mit Sicherheit eine vorbildliche Mutter werden, deren einziger Nachteil sein könnte, dass sie ein bisschen zu gestresst war. Ich hatte häufig zu ihr rübersehen müssen, wobei sich unsere

Blicke immer getroffen hatten. Schließlich war es mir so peinlich, dass ich sie beim nächsten Mal, ganz ohne darüber nachgedacht zu haben, anlächelte. Für eine Zeit, die nicht mal eine Sekunde dauerte, sah sie irritiert in meine Richtung und dann an mir vorbei aus dem Fenster. Ich weiß nicht, ob ich sie durch mein Lächeln in einem meditativen Moment gestört habe, oder ob es sie verunsicherte, dass ich sie angelächelt hatte. Jedenfalls schien es nicht vorgesehen zu sein, einander anzulächeln.

An einem Abend stand ich unten im Hausflur vor dem Briefkasten. Als ich ihn öffnete, kamen mir lose weiße Blätter und ein offener Briefumschlag entgegen. Auf den Blättern waren ungelenk ausgeschnittene Bilder von Waren (Cremes, Shampoo, Deodorant, Dinge für Frauen) mit der Angabe über einen Preisnachlass aufgeklebt. Eine Art Gutschein, wie man ihn in Wurfsendungen von Supermärkten gelegentlich bekommt. In dem offenen und unfrankierten Umschlag war ein grau-braunes Papier, das mit einer krakeligen Handschrift beschrieben war. Der Brief begann mit meinem vollen Namen. Ich sah auf unseren Briefkasten, um mich zu vergewissern, dass dort wirklich nur mein Nachname stand. Sofort suchte ich nach einer Unterschrift oder einer Adresse, aber da war nichts. Der Schreibende (ich war mir sicher, dass es ein Mann war, vielleicht wegen der Schrift) erklärte, auf komplett wirre Weise, dass er von der BRD-GmbH verdrängt und verschleppt worden sei und nun gehen müsse, nicht aber ohne mir mitzuteilen, dass er politisch verfolgt werde in diesem Land. Er schrieb von den unrechtmäßigen Grenzen Deutschlands und den unrechtmäßigen Gerichten und dass er ein Justizopfer sei, warum, ließ er offen. Schließlich erinnerte er mich an meine Pflicht als Journalistin, die es sei, ihm zu helfen. Ich müsse ihm helfen, und darauf folgten drei Ausrufezeichen. Erst mal lachte ich. Dann beeilte ich mich, durchs Treppenhaus nach oben in unsere Wohnung zu kommen, und fragte mich dabei, woher der Absender wusste, wie ich hieß, wo ich wohnte und was ich machte. Und warum er mir diese grotesken Waren-Prozent-Gutscheine für Körperpflegeprodukte zukommen ließ. Aus irgendwelchen Gründen beschloss ich, dass der Mann zwar irre, aber harmlos sei und dass ich erst mal nicht zur Polizei gehen würde.

Und dann war Sommer. Ich nahm ein Taxi und fuhr durch den warmen Abend zu einem Konzert, das ein Galerist bei sich zu Hause in kleinem Rahmen veranstaltete und bei dem es um Peace und Vielfalt gehen sollte. Die Sonne schien auf die Dachterrasse, die Gläser glitzerten und waren mit Crémant gefüllt. Journalisten, Künstler, Galeristen, ein, zwei Politiker. Einige Männer trugen Anzüge, aber die meisten hatten irgendetwas mit Hemd zu heller Stoffhose oder Jeans an. Lächelnd bewegte ich mich auf die Gesellschaft zu, die ihrerseits lächelte. Die Männer wirkten in ihrer Uniformität wie diejenigen, die für die Übernahme von Funktionen zuständig waren, ihre Kleidung erregte keine Aufmerksamkeit. Sie vermittelte Sachlichkeit und dass ihre wirklich interessanten Eigenschaften in ihren Köpfen zu finden waren. Die Frauen sahen dagegen bunt aus, verziert durch Kleider und Schmuck; kniff ich die Augen zusammen, wirkten sie insgesamt wie große Verzierungen. Sie bewegten sich anders als die Männer, eingeschränkt durch enge Kleider oder High Heels und bestrebt, nicht zu stolpern oder beim Sitzen zu viel Bein zu zeigen.

Die Anwesenden hielten ihre Telefone und Gläser in den Händen, manche rauchten, immer wieder wurde sich gegenseitig fotografiert. Hier standen Menschen, die froh waren, beieinanderstehen und sich fotografieren zu können, weil das für alle Anwesenden ein gutes Zeichen war. Ich fürchtete mich davor, über meinen Bauch sprechen zu müssen, weil ich mir diesen Bauch an vielen Tagen noch immer nicht glauben konnte und weil er und alles, was damit zu tun hatte, mir zu intim war. Ich ging an den anderen vorbei wie jemand, der etwas geklaut und Angst hat, erwischt zu werden, was selbstverständlich die beste Voraussetzung dafür ist, erwischt zu werden. Ich fürchtete, über den Bauch sprechen zu müssen, mit dem ich am Anfang diese unglaublichen Schwierigkeiten gehabt hatte, wusste aber, dass das unvermeidlich war, denn so ein Bauch, der im Raum steht, ist nun mal ein fantastisches Thema für ein Gespräch, dessen Sinn ausschließlich darin liegt, dass es stattfindet. Ich sah eine Bank, ging darauf zu (unterwegs dreimal »Wann ist es so weit?« und »Herzlichen Glückwunsch« und zweimal Bauchanfassen), setzte mich, trank mein Wasser und sah dann dieses hektische Winken. Ich kannte die Frau, die winkte, eigentlich nur von Anlässen wie diesem. Sie arbeitete in irgendeiner Kunststiftung. Aber vor allem war sie bekannt als die Frau von einem anderen Galeristen, der ebenfalls anwesend war. Die Frau (sagen wir: Judith) stand augenblicklich neben mir, zeigte mit weit aufgerissenen Augen auf meinen Bauch, klatschte in die Hände und fragte, ob ich noch ein Wasser brauche. Sie beglückwünschte mich, sie fragte, wann es so weit sei, sie setzte sich und fragte, ob es ein Junge oder ein Mädchen werde. Sie wirkte wie ein verletzter Vogel, der endlich einen Ast gefunden hatte, auf dem er sich niederlassen

konnte, der aber nicht aufhörte, mit den Flügeln zu schla-
gen. Dabei reckte sie immer wieder den Kopf, um nach
ihrem Mann Ausschau zu halten, der etwas entfernt in der
Menge stand und sich mit einer jungen Frau unterhielt. Im
Umfeld der Dachterrassen-Society wurde über diesen
Mann erzählt, dass er seine Frau, Judith, betrüge. Natürlich war das ein Gerücht, aber da Menschen Gerüchte lie-
ben und gerne weitererzählen, dürfte es vielen der Anwesenden bekannt gewesen sein. Der Galerist war eben der
Galerist, der seine Frau betrog, und seine Frau war die
Frau des Galeristen, von dem sie betrogen wurde. Vielleicht freute sich Judith also so sehr, mich zu sehen, weil sie
für unser Gespräch ein Script hatte, das sie würde beherrschen können. Sie hielt meinen Arm fest, als suche sie nach
einem Ausweg, und fragte, ob ich schon eine Hebamme
habe, in welches Krankenhaus ich zur Entbindung gehen
würde und ob ich eine PDA wolle. Sie habe es vor der Geburt immer furchtbar gefunden, wenn ihr andere Frauen
von ihren furchtbaren Geburten (furchtbare Hebamme,
furchtbare Ärzte, achtundvierzig Stunden, Notkaiser-
schnitte etc.) berichtet hätten, das hätte ihr die Vorberei-
tung auf die Geburt ihrer Tochter, die im Übrigen ebenfalls furchtbar gewesen sei (Krankenhaus überfüllt,
zwanzig Stunden Wehen, keine PDA), nicht unbedingt
leichter gemacht. Sie lächelte und fasste mich weiterhin
viel an. Es gefiel mir nicht, dieses Gespräch zu führen,
aber ich wusste nicht, wie ich mich befreien sollte. Sie
sagte, dass ich fantastisch aussehe, wirklich fantastisch,
sie stellte fest, dass ich offenbar kaum zugenommen habe,
und nickte anerkennend mit dem Kopf. »Du hast diesen
Schwangeren-Glow, von dem immer alle reden«, sagte sie.
Ich fragte sie, ob das ihr Ernst sei, denn ich wusste wirk-

lich nicht, wovon sie redete. Eine Pause entstand. Sie reckte wieder den Kopf in die Richtung ihres Mannes, befürchtete offenbar, das zu offensichtlich getan zu haben, lachte laut und sprach schnell weiter. Genau, die PDA, ob ich mir eine PDA geben lassen wolle? Ich nickte. Oh, ach so, aha. Sie lächelte, besann sich aber schnell und sagte, dass das natürlich jeder selber wissen müsse, »wirklich, das muss jeder für sich entscheiden«. Sie habe das damals nicht gewollt, weil sie alles habe spüren und bewusst erleben wollen, und das ginge auch mit der richtigen Atemtechnik total gut, wirklich wahr. Ich müsse unbedingt zum Schwangerschaftsyoga in der und der Straße, warte, ich schicke dir den Kontakt.

Während ich mich fragte, woher dieser Mutterwille zum Schmerz kam, und gleichzeitig feststellte, dass das »natürlich jeder selber wissen muss«, während ich weiter dachte, wie präsent der Hinweis darauf, dass das jeder (jede, actually) selber wissen muss, in sämtlichen Baby-Talks ist, und dass auf diesen Hinweis eigentlich immer das exakte Gegenteil dessen folgt, was dieser Hinweis versprochen hat, nämlich eine Bewertung – während ich mich all das fragte, war Judith schon beim nächsten Thema. Es ging um: Nannys. Klar, das müsse jeder selber wissen, aber sie halte nichts davon, dass ihr Kind seine Nanny häufiger sehe als sie. Alles eine Frage der Organisation, und wenn gar nichts mehr geht, mache sie halt Homeoffice, und natürlich sei das manchmal anstrengend, sie sei dann eben erst mal mit Teilzeit wieder »eingestiegen«, was für sie aber völlig okay gewesen sei. Und jetzt gingen sie und ihr Mann tatsächlich das erste, das allererste Mal seit fast zwanzig Monaten für ein paar Tage in den Urlaub. Griechische Inseln. Die Kleine bleibt bei den Großeltern.

Großeltern in der Nähe zu haben sei der Jackpot überhaupt. Nun also Griechenland. Endlich mal wieder Qualitytime zu zweit, das sei ungeheuer wichtig, sie könne es kaum fassen, und ja, so langsam fühle sie sich bereit für das zweite Kind. Wann ist es bei dir noch mal so weit? Vier Wochen. Dann kannst du schon in etwas mehr als zwei Jahren wieder Urlaub machen. Hahahaha.

Judiths Glas war leer. Sie sprang auf, um sich ein neues zu holen, und versprach, gleich wieder da zu sein. »Ich bringe dir noch ein Wasser mit, du musst viel trinken«, rief sie mir zu und drückte sich an den Herumstehenden vorbei. Ich starrte geradeaus und fragte mich, was das für eine Karikatur von einer Frau, was für eine Karikatur von einem Leben war, und stellte fest, dass es unmöglich wäre, das aufzuschreiben, weil es wie ein Witz, ein zu oft erzählter und vollkommen übertriebener Witz wirken würde. Dieser ausweglose Witz, in dem ich offenbar angekommen war. Ich wollte all das meinem Freund erzählen, kam aber zu dem Ergebnis, dass das Teil des Witzes wäre. Konzert mit geladenen Gästen, tatsächlich zum Thema Vielfältigkeit, Champagnergeplapper, betrogene Ehefrau, jüngere, hübschere Praktikantin, gehetzte Angstblicke unter aggressivem Lächeln in Richtung der jüngeren, hübscheren Praktikantin, reiches Unglück, Nannys, Quality Time, extremer Baby-Talk, wann ist es noch mal so weit? Und schließlich meine Idee, all das meinem Freund zu erzählen, weil das eben ist, was man tut, wenn man sich in diesem Witz eingerichtet hat. Man analysiert das falsche Leben anderer Paare, die ihrerseits das Gleiche tun, wenn sie nach Hause kommen. Man partizipiert.

Judith war intelligent, sie kannte den Witz. Aber der Zwang, sich innerhalb des Witzes zu behaupten und zu positionieren, war offenbar stärker, als sich davon zu distanzieren. Zu zeigen, dass man es richtig machte, besser, vielleicht sogar am besten. Verstehen Sie doch, bei uns läuft es gut! Diese Frau, dachte ich, muss sich beeilen. Diese Frau ist in einer Notsituation. Das Ansehen muss verteidigt werden und der Mann behalten werden. Es geht um ihr Leben.

Ich kannte Judiths Angst, ich hatte sie schon oft in den Augen anderer Frauen gesehen. Es war eine atemlose Angst, die mit den Flügeln gegen die Zeit schlug. Was war das für eine Angst, und woher kam sie?

Ich habe darauf noch keine ganze Antwort gefunden, vielleicht gibt es sie nicht. Aber die israelische Soziologin Eva Illouz war so klug, diese Angst zu erkennen und ihr nachzugehen. Denn in ihrem 2011 erschienenen Buch *Warum Liebe wehtut* beschreibt sie zumindest einen wichtigen Aspekt für die Gründe jener Angst. Sie erklärt sie damit, dass es in dem Machtverhältnis zwischen Männern und Frauen ein emotionales Ungleichgewicht gebe. Männer seien nicht auf Kinder angewiesen, um zu gesellschaftlichem Ansehen zu kommen, bei ihnen reiche eine Karriere. Frauen aber wollten weiterhin Kinder und seien deswegen bindungsbereit, bindungsbereiter als Männer. Um einen passenden Partner zu finden, hätten Frauen, anders als Männer, nur einen begrenzten Zeitraum zur Verfügung und, anders als Männer, einen viel kleineren Pool an Kandidaten, weil sie sich, den sozialen Status betreffend, tendenziell nach oben orientierten und das, während ihr Ausbildungsniveau konstant steige. Weswegen Judith, wenn sie sich noch ein zweites Kind wünscht, wenn sie weiter an ihrem Traum von einer einigermaßen gleichberechtigten heterosexuellen Paarbeziehung mit Kindern festhält, verständlicherweise hektisch wird. Eine Frau Anfang vierzig mit einem Kind und einer mittelmäßigen Karriere, die sich noch ein Kind wünscht, ist etwas anderes als ein Mann Mitte vierzig mit einem Kind und einer erfolgreichen Karriere. Eva Illouz bezeichnet das als eine »emotionale Herrschaft« von Männern über Frauen. Und wahrscheinlich ist das eines dieser diffusen Bänder, die ich zu fassen versuche, wenn ich davon schreibe, dass Männer gehen können und Frauen nicht.

Glücklicherweise war Judith noch immer nicht zurückgekommen. Ich wollte ihre hektischen Blicke nicht mehr sehen, weil sie sie entwürdigten und weil ich Angst davor hatte, dass ich mal genauso gucken würde. Ich wollte den Schwangerschaftstalk nicht weiterführen, weil er mir zu nahe kam und ich in vielen Fragen noch nicht sicher war. Ich wollte nicht, dass an meinem Körper entlangdiskutiert wurde. Mit ihrer Aggressivität, ihrem Willen zum Urteil und zur sofortigen Positionierung (PDA, Nanny, Teilzeit, geht das alles?) wirkte Judith, als sei es ihr verdammter Job, innerhalb dieses kurzen und vollkommen zufälligen Gesprächs vor mir und sich selbst ihr komplettes Lebenskonzept zu entfalten und seine Richtigkeit zu beweisen. Judith wirkte, als sei die Luft, die sie atmete, sehr dünn.

Die Anwesenden gingen langsam von der Dachterrasse nach drinnen. Das Konzert schien anzufangen. Ich erhob mich. Ein Journalist, den ich bisher nur vom Sehen kannte, stand plötzlich neben mir und sah mich strahlend an. Erst in mein Gesicht, dann auf meinen Bauch und dann wieder in mein Gesicht. »Herzlichen Glückwunsch!« Ich bedankte mich, auch wenn ich nicht wusste, wozu er mir gratulierte, denn ich hatte keine Ahnung vom Muttersein. Ich wusste auch nicht, ob ich dazu überhaupt in der Lage sein würde, und es war, als würde ich ein falsches Versprechen abgeben, wenn ich die Glückwünsche ebenfalls strahlend entgegennahm. Ein Versprechen, dem ich vielleicht gar nicht würde gerecht werden können. »Junge oder Mädchen?«, fragte der Journalist. Ich sagte, dass ich das nicht wisse, etwas verwirrt wegen seines anhaltenden Strahlens, das etwas von Seligkeit hatte. Was machte ihn denn jetzt so unglaublich froh? »Wann ist es so weit?« Ich antwortete, er zwinkerte mit den Augen und nickte wissend. Wir schienen irgendwie in einem Club zu sein. Er streifte mit seiner Hand meine Schulter und hörte nicht auf zu lächeln. Ich bin sicher, dass er es völlig gut meinte, fragte mich aber weiter, was dieser Idiot von mir wollte. Er wirkte, als mache ihn mein Anblick ruhig, zuversichtlich und tatsächlich irgendetwas in der Nähe von glücklich. Ich hatte diesen Ausdruck schon bei vielen Menschen gesehen, denen ich in der letzten Zeit begegnet war. Im Supermarkt, auf der Straße im Vorbeigehen. Vielleicht guckten die Menschen so, weil es sie freute, an mir zu sehen, dass es weiterging. Dass es Menschen gab, die weiter an das Leben glaubten. Menschen, die sich darum kümmerten, dass das Leben nicht aufhörte. Mich zum Beispiel, ihr Arschlöcher, war mir dann durch den Kopf geschossen, und ich hatte mich davor gefürchtet, mit diesem Kümmern alleine zu sein. »Geburtshaus oder Krankenhaus?«, unterbrach der Journalist meine Gedanken, als wir das Wohnzimmer des Galeristen betraten, in dem etwa vierzig Stühle aufgestellt waren. »Kaiserschnitt«, entgegnete ich und versuchte, einen Witz zu machen. Aber der Journalist bekam davon nichts mit. »Gehen Sie ins Geburtshaus, glauben Sie mir. Das ist viel schöner«, rief er mir über zwei Stuhlreihen hinweg zu und freute sich noch immer. Die meisten der Stühle waren schon besetzt, aber es sprangen sofort Leute auf, um mir Platz zu machen. Dabei hatten sie eine Mischung aus geschäftigem Ernst und Glück im Gesicht, so, als mache es sie froh, in diesem Rahmen nach ihren Möglichkeiten und vor den Augen der Anwesenden etwas Gutes zu tun. Denn darum ging es schließlich bei diesem Abend. Dann trat der Galerist und Veranstalter nach vorne. Ich betrachtete ihn und dachte, dass er aussah wie ein voller Erfolg. Das Bild, das er abgab, war nicht mal hübsch, es war einfach gut. Leicht gebräunt und lächelnd führte er sicher seine Bewegungen aus, den kurzen Auftritt vor seinen Gästen. Er hielt kurz inne, kratzte seinen Dreitagebart, sah zu Boden, als müsse er sich sammeln, und blickte dann mit einer ernsthafteren Miene auf einen Punkt über den Köpfen der Anwesenden. Er räusperte sich, das Lächeln war nun vollends und etwas zu plötzlich aus seinem Gesicht verschwunden, und erklärte, er wolle »noch einige Worte loswerden«: Er habe heute hier anlässlich eines Konzerts unterschiedlichste Menschen unterschiedlichster Herkunft aus Kultur, Wirtschaft und Politik versammelt, auch und nicht zuletzt in der Hoffnung, dass sich daraus in diesen politisch schwierigen Zeiten – an dieser Stelle verwies er auf Amerika, zunehmende Islamfeindlichkeit, zunehmenden Antisemitismus, die AfD und die sogenannte Flüchtlingskrise – ein Dialog entwickele, denn wir, wir seien diejenigen, auf die es nun ankäme. Der Künstler des heutigen Abends sei übrigens ein Türke, der breiteren Dialekt sprechen könne als wahrscheinlich alle der hier Anwesenden, und somit ein Beispiel, an das man sich doch erinnern solle, wenn es um gelungene Integration und die Besorgnis darum gehe, und er wünsche uns in diesem Sinne und so weiter. Als der Galerist fertig war, klatschte das Publikum lange und begeistert, einige pfiffen sogar. Viele der Gesichter lächelten, auch untereinander lächelte man sich gegenseitig zu. Man war hier auf der richtigen Seite. Der Künstler nahm seine Gitarre, das Publikum klatschte wieder, und er begann zu spielen. Er spielte schön, sehr schön, und ich dachte an eine Zigarette. Der Künstler war natürlich ein selbstgefälliges, wenn nicht unverschämtes Beispiel für Integration, aber den Leuten machte es ein gutes Gefühl und mir auch. Ich betrachtete den riesigen Lilienstrauß, der in einer Ecke des Raums stand, die Kunst an den Wänden, die schönen Menschen um mich herum, schloss die Augen und hörte der Musik zu. Obwohl ich wusste, dass es falsch war, hatte ich das erste Mal an diesem Tag das Gefühl, dass alles in Ordnung sei.

Trotzdem konnte ich in jener Nacht einmal mehr nicht schlafen. Ich stand einmal mehr am Fenster und sah nach draußen. Links oben war ein offenes Fenster, vor dem ein Stofffetzen hing, der im Dunkeln leuchtete, weil das Licht an war. Dahinter telefonierte ein Mann. Er telefonierte lange, und er wurde immer lauter. Es klang, als gebe es ein Problem, das er mit seinen runden, kratzenden Worten zu beschwören versuchte. Ich überlegte, welche Sprache er sprach, aber ich fand es in dieser und den folgenden Nächten, die ich dort stand, nicht heraus. Einmal schrie jemand aus einem anderen Fenster heraus, dass er endlich die Fresse halten solle, sonst käme die Polizei. Aber die Polizei kam nie, und der telefonierende Mann hörte nicht auf, auch nicht in den Nächten danach. Irgendwann war dann der Stofffetzen weg, und ich hörte ihn nicht mehr. Etwas weiter unten sah ich wieder den hustenden Mann vor seinem Laptop sitzen, der einzigen Lichtquelle in dem Raum. Er trug ein Unterhemd über seinem dicken Oberkörper und rauchte. Jede Nacht gab er das gleiche Bild ab. Wie etwas, das er angehäuft hatte, klebte er unförmig auf dem Stuhl und hustete. Wenn sein Husten laut und alleine über den Hof hallte, war ich mir sicher, dass er bald sterben würde. Ich überlegte, dass man ihm das eigentlich mal sagen müsste, und dachte weiter, dass ich ihm im Treppenhaus noch nie begegnet war.

Natürlich hatten wir bereits nach einer anderen Wohnung gesucht. Größer, nicht im vierten Stock, nicht so weit draußen (die Worte »bessere Gegend« verwandte ich dabei nie, vielleicht weil mir noch nicht klar war, dass ich in dieser Kategorie dachte, vielleicht weil ich in dieser Kategorie nicht denken wollte). Aber da diese Wünsche teuer waren und wir beide nicht wussten, was mit unseren Berufen und unserem Geld sein würde, gaben wir schnell auf und verschoben das auf später.

Und dann wehte der Wind, und der Baum schüttelte seinen bösen Kopf, und wenn der Himmel zeigte, dass es auch wieder hell werden würde, legte ich mich ins Bett, wo ich irgendwann einschlief.

4

Der Roman, den ich, bevor das Baby kam, schnell anzufangen versuchte, damit ich, wenn es da sein würde, etwas hätte, das ich zu Ende bringen musste, wurde erwartungsgemäß nichts. Es gelang mir nicht, mir dieses Versprechen abzunehmen, jedenfalls nicht schriftlich. Kurz war ich also davon überzeugt, dass es das nun gewesen sein würde und ich ab sofort damit klarkommen musste, niemand zu sein. Ich führte ein paar dramatische Telefonate mit Freunden. Sie wussten aber auch nichts Genaueres, entweder weil sie keine Kinder hatten, oder weil sie nicht schrieben oder weil sie Männer waren. Und dann rannte ich noch ein bisschen hin und her, und dann guckte ich vier Staffeln *Girls* und dann war ohnehin nicht mehr viel Zeit übrig bis zum Baby, zu wenig jedenfalls, um doch noch einen Roman anzufangen. Meine Gedanken aber rasten weiter und in alle möglichen Ecken.

Die Angst, als Mutter nicht mehr schreiben zu können, erschien mir komplett lächerlich. Aber was sollte ich machen, sie war anwesend, sie war gewissermaßen eine meiner Topängste. Irgendwo unterwegs musste ich mich bei ihr angesteckt haben ohne es zu bemerken, irgendetwas musste diese Angst erzeugt haben.

Vielleicht kam die Angst von Männern wie Paul Bowles. Männer, die einsam am Strand sitzend auf Literaturkalendern abgebildet werden, zusammen mit Zitaten wie »Um einen Roman schreiben zu können, muss man alleine sein.« Und Frauen wie mir, die sich den einsamen Paul Bowles dann übers Bett hängen und den romantischen Mythos vom Künstler anbeten, der nur Künstler sein kann, wenn er mit der Welt nichts zu tun hat. Oder eben von Marcel Reich-Ranicki und seiner Judith-Hermann-Prophezeiung. Oder weil man Männern fortwährend dabei zusieht, wie sie im Literatur-Game die berühmteren sind, es also seit jeher und bis heute überwiegend sie sind, die übereinander schreiben, die sich Preise verleihen, die Preise gewinnen, Reden halten und dabei fotografiert und multipliziert werden und somit das Bewusstsein dafür formen, was man für möglich hält. Aber warum, fragte ich mich, warum ist das so? Wahrscheinlich ganz einfach: because. Weil es immer so war und es schwierig ist, die eigenen Sichtweisen und das eigene Verhalten zu ändern, wenn man so beschäftigt ist. Weil es mühsam und unbequem ist und weil es doch bisher gut funktioniert hat. Wegen einer Mischung aus Misogynie, Nachlässigkeit und Übung darin also?

Wie sehr aber spielte dabei eine Rolle, dass Frauen schon immer die meiste Zeit damit verbrachten, sich um Kinder zu kümmern und Haushalte zu führen, statt zu schreiben? War das Teil der Übung oder ihr absoluter Ausgangspunkt? War man, wenn man Kinder hat, so sehr auf die Erde und Alltägliches zurückgeworfen, dass für Größeres kein Platz mehr ist? Oder war das ein Klischee, das sich fortwährend perpetuierte, etwa indem es Männer waren und sind, die in den angesehenen Verlagen veröffentlichen, während Frauen das softe Geplapper zum Thema Babyscheiße, gebrochenes Herz und Selbstfindung vorbehalten ist?

Weiter fragte ich mich tatsächlich und vollkommen

ernsthaft, ob mein Kopf nach dem Baby vielleicht auch gar nicht mehr wollen würde als lustig gestaltete Blumenbücher, denn das meiste, was ich von Frauen – und Müttern – hörte, las, sah, waren eben Stellungnahmen zu genau diesen Themen. Und natürlich gibt es Joan Didion, Zadie Smith und Lena Dunham, Frauen also, die hart denken können und bei denen man davon ausgehen kann, dass sie alle Tassen im Schrank haben, und es gibt nicht nur sie, es gibt noch viel mehr. Aber was massenhaft und überwiegend gezeigt, verlegt, gedruckt und ausgestrahlt wird, das ist das Bild der lächelnden Frau in Rosa, die sich schminkt, rasiert, ihre Cellulite bekämpft, die putzt, Muffins backt und die sich, wenn Kinder da sind, überlegt, wie sie Kindergeburtstage am besten durchführt und wie sie das Sexlife mit ihrem Ehemann wieder – Achtung – »in Schwung bringt«, damit der ihr nicht abhaut.

Ohne Frage ist Rosa eine schöne Farbe, und alle die genannten Tätigkeiten sind für sich genommen absolut sinnvoll. In ihrer Konzentration und Ausschließlichkeit aber hinterlassen sie zwangsläufig den Eindruck, dass Frauen andere Dinge zu tun haben als das Denken, weswegen man die Bezeichnung »Frau« eigentlich nur als Beleidigung auffassen kann. Nicht weil Frauen so sind, wie eben beschrieben, sondern weil sie so gezeigt werden und man damit als denkende Frau nichts zu tun haben will. Was wiederum dazu führt, dass man sich an der Abwertung des eigenen Geschlechts beteiligt, indem man versucht, sich davon zu distanzieren. Dabei will man sich ja nicht von dem eigenen Geschlecht distanzieren, sondern davon, wie es gezeigt wird. Für diese Differenzierung aber braucht man Zeit und Platz, und beides ist im Internet und allen anderen medialen Erzeugnissen superknapp. Weswegen ein sehr vereinfachtes Bild bleibt: Frauen sind so einerseits. Und: Frauen sind folglich relativ bescheuert andererseits.

Und dennoch fragte ich mich, ob ich nicht vielleicht auch froh sein würde darüber, mich selbst angesichts eines Babys endlich vergessen zu dürfen, froh darüber, in dieser kleinen, heilen Kinderwelt angekommen zu sein, die viel besser wäre als dieses kalte, ekelhafte Draußen, womit ich mich klassisch stereotyp einmal im Kreis gedreht hatte. Die Publizistin Bascha Mika hat das in ihrem Buch *Die Feigheit der Frauen* mal »desertieren in die Komfortzone« genannt (was eine Unverschämtheit ist, doch dazu später). Dennoch, ich wollte dieses Klischee besiegen. Gleichzeitig unterstellte ich es mir und hatte Zweifel daran, dass es mir gelingen werde. So, als würde ein Baby auf irgendwelche Knöpfe in meinem Kopf drücken, die aus mir einen anderen Menschen machten. Doch auch dazu später.

Irgendwann während meiner Kann-man-als-Mutter-schreiben-Exploration fragte ich mich dann, wie sich eigentlich diese ganzen modernen Männer dazu verhielten. War es nicht so, dass Frauen, egal was sie machten, gefragt wurden, wie sie »Kinder und Karriere« unter diesen schrecklichen und viel zu oft sogenannten Hut bekamen? Und dass Frauen, die künstlerisch arbeiteten, das vielleicht noch ein wenig ungläubiger gefragt wurden, weil der genannte Künstlermythos und der dazugehörige extrem antiquierte und extrem idiotische Geniekult das Bild eines antisozialen, solipsistischen, bindungsgestörten, neurotischen und selbstzerstörerischen Mannes kultiviert, der eher ein Mann und mit Sicherheit keine Mutter sein kann beziehungsweise: darf? Weil eine Mutter eine moralisch integre und stete Person zu sein hat und man sich, falls sie ein Genie ist, Sorgen um das Gedeihen ihrer Kinder machen müsste?

Gibt es Gründe, diese Skizze von dem genialen, verrückten Künstlermann abzulehnen? Absolut, denn man muss es sich leisten können, ein Geniedarsteller zu sein, und ich kenne jene Art von Männern auswendig. Männer, die glauben, sich von morgens bis abends verhalten zu müssen, wie sie denken, dass Genies sich verhalten, mitunter ohne je etwas Nennenswertes zustande zu bringen, und meistens sind es Frauen, die für ihr Genieverhalten aufkommen, und zwar right now, heute. Junge Frauen, die ihren Männern die Welt vom Leibe halten. Frauen, die zuhören, trösten, Abschlussarbeiten für ihre Genies schreiben und ihnen die Wohnung aufräumen und putzen, Frauen, die Drogenberatungstermine organisieren und sie selbstverständlich ihrerseits ebenfalls jederzeit beraten, Frauen, die Geburtstagsgeschenke für die Mutter und die gesamte Verwandtschaft des Genies besorgen, wobei die Mutter und die gesamte Verwandtschaft dann so tun, als sei das Geburtstagsgeschenk die Idee des Genies gewesen, obwohl alle wissen, dass es – oh my God – »die Frau an seiner Seite« war, die gewissermaßen als Sekretärin des Genies fungiert und selbst keine Rolle spielt.

Ein Freund von mir war auch ein Genie. Er schrieb Gedichte, plante Filme, hatte eine Band und sprach von Kunst, die er machen wollte. Nachts arbeitete er in Bars, und dann war er manchmal traurig, dass ihm nichts davon richtig gelang. Wir sprachen lange darüber, was passieren müsste, damit es ihm gelänge. Weil auch ich gerne ein Genie sein wollte, erwähnte ich gelegentlich, dass ich an einem Roman arbeiten würde. Er wollte nie Genaueres wissen. Als der Roman schließlich veröffentlicht wurde

und er nicht anders konnte, als das zur Kenntnis zu nehmen, wollte er vor allem wissen, wie ich das nur geschafft
habe. Er fragte tatsächlich, ob ich »irgendeinen Typen« in
dem Verlag gekannt habe, was in dem Moment nicht so
unglaublich wirkte, wie es sich jetzt liest. Ganz nebenbei
und unauffällig stellte er diese kleine Frage in den Raum.
Ich verstand nicht, was sie bedeutete, vermutlich hielt ich
es einfach nicht für möglich, denn dieser Freund war doch
ein Freund. Ein fortschrittlicher, aufgeklärter Mann, einer,
der Bescheid wusste über sich und die Annahmen, auf
deren Grundlage er der Welt begegnete. Aber vielleicht
sah das auch nur so aus. Jedenfalls sagte ich nichts dazu,
und er kam dann ohnehin relativ bald auf seine Gedichte
zu sprechen. Irgendwann später sagte er mir, wie er mein
Buch, das er »angefangen« hatte, fand und was die Probleme des Textes waren, der jedoch für den Anfang »völlig
okay« sei.

Ich halte mich in dieser Angelegenheit inzwischen für
mindestens genauso blöd wie meinen Freund von damals,
denn ich hätte ihn ja nicht betreuen müssen. Aber offenbar
fühlte ich mich für die Rolle der Sekretärin eines Genies
genauso zuständig wie er sich für die Darstellung eines
Genies. Oder ich fand es eben irgendwie vielversprechend,
exzentrische Männer mit Problemen (»Harte Schale, wei-
cher Kern« etc.) zu retten, um mich so unentbehrlich zu
machen, weil ich das so oft in Filmen gesehen habe. Oder
ich hatte einfach verstanden, dass Kümmern und Unsicht-
barsein ein Frauenjob ist. Wahrscheinlich alles zusammen,
ich weiß es noch immer nicht genau, es ist kompliziert.

Und es blieb kompliziert. Das Baby im Bauch und mein
Schreibproblem im Kopf, fragte ich mich, ob ich mir im

Jahr 2016 wirklich noch die gute alte Geschichte von der Trennung der Sphären in privat (Frau) und öffentlich (Mann) erzählen müsste, von schöpferischen Explosionen (Männer) und dem Erhalt des Lebens, das von Frauen garantiert wurde, die an der Basis arbeiten, auf der Erde, mit Erde an den Händen. Ich beschloss, nicht daran zu glauben. Und ich beschloss außerdem, nie, niemals über das Kinderthema zu schreiben, ja, ich rief sogar Leute an und erzählte ihnen unaufgefordert, dass ich darüber nie schreiben werde, weil ich davon überzeugt war, dass das der absolute Schriftstellerselbstmord sein würde.

5

Das Baby passierte wie ein Wunder, denn es kam dann doch recht unvermittelt zu mir. Es kam irrerweise tatsächlich aus mir heraus. Es war da. Es atmete und bewegte sich. Es roch gut und war schön, wie vorher noch nie etwas schön gewesen war. Das Baby passierte mir wie ein Wunder, weil ich trotz meiner intensiven Angstvorbereitung, der Schwangerschaft und der Geburt zu keinem Zeitpunkt mit einem Baby gerechnet hatte. Nicht mit meinem Baby. Nicht mit einem Menschen und nicht mit den Gefühlen zu diesem Menschen (wie auch, denn wie hätte sich das vorwegnehmen lassen? Das können keine Artikel, keine Statistiken und keine Gespräche).

In der ersten Nacht neben dem Baby war ich mir sicher, nicht geschlafen, sondern nur das Baby angesehen zu haben. Es tat mir sofort leid, und ich wollte mich bei ihm entschuldigen. Dafür, dass es jetzt hier war, für meinen Größenwahn (nur weil ich es so entschieden hatte, weil ich es so gewollt habe, du armes, kleines Kind, und ich kann dir doch eigentlich kaum etwas versprechen). Ich wollte mich entschuldigen für die Schwerkraft, das Licht, die Geräusche, Wärme, Kälte, Körper. Für die Mühsal, die es bedeutete, in dieser Welt ein Körper zu sein. Keiner dieser Gedanken schien mir pathetisch zu sein, diese Kategorie war abwesend. Es war im Gegenteil so, dass ich mich und meine Gedanken viel zu klein fand. Lächerlich, inadäquat, sowieso musste irgendein Irrtum vorliegen. Wo war die Behörde, die erlaubt hatte, dass das mein Baby war und ich für es sorgen würde?

Ein, zwei Mal öffnete das Baby die Augen und sah mich an. Ruhig und wissend, fand ich, war ich mir sicher. Ziemlich genau so, wie die Schildkröte Kassiopeia aus dem Kinderbuch *Momo* von Michael Ende. Die Schildkröte kann eine halbe Stunde in die Zukunft sehen, aber nicht sagen, was passieren wird. In dieser Nacht (und nicht nur in dieser) dachte ich, das Baby weiß, wie schlecht und unzulänglich ich bin. Wie vollkommen gottlos, wobei ich mit Gott nie etwas zu tun hatte. In jener ersten Nacht neben dem Baby aber fiel mir keine andere Vokabel ein, und ich dachte sie also, obwohl sie mir suspekt blieb. Gottlos, lächerlich, klein. Wieder wollte ich mich entschuldigen, dieses Mal dafür, dass ich geglaubt hatte, über die Existenz oder Nichtexistenz dieses Babys entscheiden zu dürfen. Naturgemäß, denn nun lag es ganz und fertig neben mir. Es schlief, es war ein kleiner Mensch.

Immer wieder lächelte es im Schlaf. Ich fand, dass es ein kluges Lächeln war. Von irgendeinem fernen Ort lächelte es in diese, in meine Welt hinein, als wüsste es, was es erwartet. Nicht weil, sondern trotzdem lächelte es und ruhte sich noch ein bisschen aus. Ich lächelte zurück.

Was macht dich froh? Was ist zum Lächeln?

Ernsthaft, du findest es gut, mit mir hier zu sein?

Ich finde, dass du ein sehr gutes Baby bist. Du bist freundlich zu mir, obwohl du jedes Recht hättest, dich über mich zu ärgern.

Ich war übermüdet, weil ich bereits in den Nächten davor nicht geschlafen hatte, ich hielt die Augen auf und wachte. Zwischendurch fielen mir die Augen zu, und ich riss sie mit dem absurden Gedanken wieder auf, dass der Hund meiner Mutter dem Baby den Kopf abbeißen könnte. Vorher hatte es mir oft Spaß gemacht, mir schreckliche Dinge auszumalen, um mich zu unterhalten oder um eine Geschichte zu erfinden. Aber diesen Gedanken ertrug ich nicht. Das war neu. Neu war: die Sorge. Sorge als Grundzustand. Sorge bevor man weiß, dass man sich Sorgen macht. Die totale Sorge.

Neu war außerdem: wund sein. Nach der Geburt war mein Körper wund. Alles wund und offen und heiß. Die Wunde zwischen meinen Beinen, die Brüste. Die Gefühle in meiner Brust, die Nerven, die Hirnhaut, die Gedanken hinter meiner Stirn, die Augen, alles war wund und offen und heiß. Ab sofort war die Möglichkeit, etwas zu wollen und es dann zu tun, vollkommen ausgeschlossen. Alleinsein ausgeschlossen, aufstehen und gehen vollkommen ausgeschlossen. Ich realisierte diesen neuen Zustand sehr verzögert, momentweise, wenn sich einmal die kurze Gelegenheit ergab, etwas zu denken. Genauso kurz war ich schockiert, zutiefst schockiert, und machte dann weiter, wie Menschen weitermachen, die einen Brand löschen müssen. Menschen, die wissen, es wird gleich brennen, aber wie und wann, das muss abgewartet werden. Wundes Warten, immer, es ging um Leben und Tod. Man kann darüber lachen in einer sterilisierten Welt mit Antibiotika, Ersatznahrung und einem funktionierenden Gesundheitssystem. Davon wird aber dieses existenzielle und hormoninduzierte Alarmgefühl nicht weniger, und das wäre wahrscheinlich auch gar nicht gut, zumindest nicht, wenn man am Fortbestand der Menschheit interessiert ist. Denn vielleicht würden viele Frauen dann einfach sagen, Entschuldigung, aber das ist mir hier leider zu anstrengend, ich gehe jetzt.

Dieser existenziell alarmierte Zustand jedenfalls war der zweite Schock. Vorher, vor dem Baby, war es mein oberstes Ziel gewesen, von dieser Welt nicht abzuhängen, keine Verträge einzugehen, zu schweben. Unangreifbar zu sein. Plötzlich auf diese Weise am Leben beteiligt zu sein machte mich vollkommen fertig. Denn von nun an hatte ich eine Tür im Brustkorb, die offen stand, immer. Für das Baby, für meinen Freund, für den Erhalt dieser kleinen Familie. Und für alles andere eigentlich auch.

Eine Woche nachdem wir mit dem Baby nach Hause gekommen waren, gingen wir das Treppenhaus hoch, was eine große Sache war, denn man macht nahezu täglich mit dem Baby irgendetwas zum ersten Mal und staunt und guckt und sichert. Mein Freund trug das Baby, ich ging voran und sah mich immer wieder nach den beiden um. Plötzlich stand ein Mann vor mir. Er stand zu dicht vor mir. Der Moment war endlos, draußen brannte die Sonne, ich hörte Kirchturmglocken und Motorengeräusche von der Straße, ich sah, dass der Mann schwitzte und wässrige Augen hatte. Dass sein Mund offen stand, dass sein Basecap dreckig war und dass er mich anstarrte und einfach nicht weiterging und dass er nach Alkohol roch, dass er vielleicht Mitte, Ende dreißig war und dass ich ihn schon mal gesehen hatte. Ich wich zurück, ich fühlte, dass mein Freund nun den Abstand zwischen uns aufgeholt hatte und neben mir stand. Der Mann erblickte meinen Freund. Er schwankte leicht mit dem Oberkörper und sah stumpf aus sich heraus, auf mich, auf meinen Freund mit dem Baby, wieder auf mich. Dann sagte er: »Aha.« Ich verstand nicht.

»Alles in Ordnung?«, fragte mein Freund und ging an ihm vorbei. Der Mann sagte nichts, und ich folgte meinem Freund.

»Was war das denn?«, fragte ich, als wir die Wohnungstür hinter uns zugemacht hatten.

»Ein besoffener Idiot«, antwortete mein Freund.

»Kennst du den?«

»Ich habe ihn ein paar Mal im Treppenhaus gesehen.«

»Unangenehm«, entgegnete ich, und mein Freund nickte. Wir wussten beide, dass mit der Begegnung etwas nicht gestimmt hatte, aber wir wussten auch, dass eigentlich nichts passiert war.

6

Stillen ist ein schönes Wort. Durst, Hunger, Schmerzen, Traurigkeit, Angst, Alleinsein, jedes Bedürfnis, das das Baby hat, versorgen, stillen, das Baby still machen. Der Anfang des Wortes klingt, als würde man »Shht« machen, also wie jener Laut, mit dem man versucht, Menschen zu beruhigen, wenn sie weinen.

Davon wusste ich vorher nicht viel. Denn genauso, wie ich fest entschlossen war, alleine in den Urlaub zu fahren, wenn das Baby drei Monate alt sein würde (und es nicht tat), hatte ich die Option nicht zu stillen immer betont, mir selbst gegenüber, aber insbesondere gegenüber meinem Umfeld, das mir mit seiner nicht verhandelbaren Stillforderung auf die Nerven ging.

Mein Plan war schließlich, einfach zu warten, was passieren würde.

Und dann ging es. Es schmerzte, aber es ging. Und ich war froh darüber. Weil es schön war. Weil ich alles richtig machen wollte. Weil ich richtig sein wollte, wie eine richtige Mutter aus dem Internet. Eine Mutter, die für ihr Kind alles tut und nichts unversucht lässt. Dieser Imperativ spielte eine Rolle, aber auch diese totale Sorge um das Baby, was bedeutet, dass ich wollte, wirklich wollte, aber nicht genau hätte sagen können, wie freiwillig ich wollte. Es ist müßig und letztlich unmöglich, das Außen (den Imperativ) vom Innen (meinem Willen) zu trennen, denn natürlich bedingt sich beides wechselseitig, immer. Und auch wenn diese Beobachtung ein bisschen trivial und langweilig ist, ist sie es in diesem Zusammenhang möglicherweise doch nicht. Weil eben genau die Mischung aus Sorge, Unsicherheit und Imperativ benutzt und damit sehr viel Geld verdient wird – mit der Sorge der Mütter und dem öffentlich produzierten Bild der idealen Mutter, die alle möglichen Dinge anschaffen und tun muss, um ihrem Kind ein ideales Leben zu bieten. Denn was würde es bedeuten, wenn sie nicht bereit wäre, in Naturtextilien aus Seide und Schurwolle zu investieren, die besonders hautfreundlich sind (womit umrissen sein dürfte, um welches Mütterklientel es geht). Und – God forbid – was wäre gar mit jener akademischen Mittelstandsmutter los, wenn sie nicht stillen wollte? Ist ihr das Kind nicht wichtig? Stimmt etwas nicht mir ihr? Ist sie egoistisch, kalt? Ist sie verrückt? Das alles will die ideale Mutter nicht sein. Sie will ideal sein, sie ist deswegen bereit, enorm viel Geld auszugeben und auch sonst alles Mögliche und mehr zu tun.

Gut, ich wollte. Aber hätte ich nicht gewollt, wäre ich damals im Krankenhaus mit Sicherheit vor einem Stilltribunal gelandet. Denn an meinem Krankenbett patrouillierte eine Art Armee, die immerfort »Anlegen, Anlegen, Anlegen« skandierte. Niemals hätte ich gewagt, da zu widersprechen. Ich war geschwächt, wund und unsicher. Wenn ich um Hilfe bat, weil das Baby schrie und sich nicht beruhigen ließ, waren sie sofort zur Stelle. Sie nahmen meine Brüste in die Hand, als wären sie Gebrauchsgegenstände – beherzt wäre die richtige Vokabel, wenn sie nicht so kaputt wäre, aber sie trifft es in ihrer Maurer-Fleischer-Art ziemlich genau –, sie griffen nach meinen Brüsten, als gehörten sie nicht mehr mir. Erstaunt sah ich ihnen dabei zu. Dankbar für die Hilfe einerseits, aber genauso entsetzt über diese plötzliche Enteignung, auf die ich nicht vorbereitet war (und auf die man sich mit Sicherheit auch nicht vorbereiten kann). Ich meine, ich hatte sowieso nicht mehr viel zu sagen über diesen Körper, der tat, was er für richtig hielt, und mich mit riesigen Brüsten konfrontierte, aus denen Milch kam (Milch. What? Milch gab es im Supermarkt, und auf den Verpackungen waren extrem dumm lächelnde Kühe abgebildet, die auf einer Wiese herumstanden, obwohl sie in Wahrheit in irgendwelchen perversen Ställen gemolken wurden – Kühe also, die man in mehrfacher Hinsicht komplett verarschte). Ich bin kein Tier, dachte ich. Oder vielleicht doch. Egal. Denn das Baby hatte Hunger. Es saugte, Milch und Blut spielten eine Rolle, die Farben weiß und rot, Feuchtigkeit und Hitze, es war alles sehr dringend. Ich sah mir dabei zu, wie mir passierte, was »natürlich« genannt wurde. Für mich aber war daran gar nichts natürlich. Für mich war es natürlich, dass meine Brüste verpackt waren und dass aus ihnen keine Milch kam. Nun kann man sich darüber beschweren, dass ich irgendwie völlig von mir, meinem Körper und der Natur entfremdet bin, und dann wäre man mit ein paar Sätzen auch ziemlich sofort bei der egoistischen Frau, die es verlernt hat, Mutter zu sein, was wir hier natürlich auf keinen Fall wollen, abgesehen davon, dass es zu nichts führt außer dieser recht beschränkten und misogynen Feststellung. Denn man kann ja nicht hinter das eigene gewordene Bewusstsein zurück, jedenfalls nicht so schnell, wie die Milch einschießt.

Ich sah mir also dabei zu, wie ich zu dieser sogenannten Natur gezwungen war, die mir suspekt war. Alles andere hätte ich aber auch verwunderlich gefunden, denn was ist heute der Plan für so ein Erwachsenenleben? Kontrolle und Beherrschung. Körperlosigkeit bei gleichzeitiger Fixierung auf die Domestizierung und Pflege des Körpers, der gesund, fit und ästhetisch sein sollte. Die Antwort auf den kontrollierten Körper ist die gegenwärtig superpräsente Entspannungsbewegung (Yoga-Retreats, Körperentdeckungsseminare sowie die Idee, das einfache Landleben zu erforschen und dort alles Mögliche selber herzustellen und zu craften), wobei der ehrgeizige Wille zum Loslassen und Entspannen natürlich ebenfalls einen stark kontrollierenden Aspekt hat, der einmal mehr zeigt, wie ein Körper heute sein sollte, nämlich kontrolliert.

Die Autorin Hanna Rosin hat ein Experiment gemacht und darüber in der amerikanischen Zeitschrift *The Atlantic* geschrieben. In dem Text »The Case against Breast-Feeding« beschreibt sie, wie sie ihren Freundinnen erzählte, dass sie ihr damals einmonatiges Baby abstillen würde. Damit, so Rosin, sei sie in ihrem Umfeld in einer »neuen Klasse« gelandet. Ihre Freundinnen seien irritiert bis entsetzt gewesen. Ähnliches kann man in Mütter-Foren und auf den circa 24.000 Stillblogs beobachten. »(O)b das Baby die Brust bekommen soll oder nicht«, so war im Mai 2017 in einem Text auf *ZEIT online* zu lesen, »ist hierzulande keine Frage, die jede Frau für sich beantworten darf.« Muttermilch gelte als die Verkörperung der Mutterliebe schlechthin. Und das bedeutet: Nichtstillen ist unmöglich, es ist kriminell, es ist, als würde man in einem Gottesdienst anfangen, Satan zu beschwören.

Woher aber kommt diese Empörung mit ihrer quasireligiösen Geschlossenheit? Woher der Glaube, das Entsetzen sei rechtschaffen?

Tatsächlich bedeutet das Stillen im Vergleich zur Flaschenfütterung für das Baby gesundheitliche Vorteile, wie auch Hanna Rosin, nachdem sie die vorhandene Fachliteratur intensiv geprüft hatte, schreibt (sie spricht von »kleinen gesundheitlichen Vorteilen«). In dem akademischen, dem Selbstverständnis nach aufgeklärten Milieu, das statistisch gesehen eher und länger stillt als Frauen aus ärmeren Milieus mit weniger Bildung, ist Stillen eine Glaubensfrage. Wer nicht stillt, spinnt. Bedenkt man nun, dass Flaschenbabys sich genauso gut entwickeln können, bedenkt man, wie sehr manche Frauen beim Stillen leiden, dann kann man nur zu dem Ergebnis kommen, dass das aufgeklärte Milieu doch nicht so aufgeklärt ist. Oder dass es dabei auch um etwas ganz anderes geht.

Möglichkeit eins: Die Mütter, die andere Mütter verurteilen, sind müde, kaputt und frustriert. Muttersein ist ein hartes Life, Mütter geben alles und bekommen dafür wenig Anerkennung. Mütter sind einer konstanten Beurteilungsmaschine ausgesetzt, vor allem ihrer eigenen. Das macht aggressiv. Insbesondere wenn Frauen andere Frauen sehen, die es wagen, Dinge anders zu machen als sie selbst, die sich, in ihrer Logik, nicht so hart aufopfern wie sie. Diese Frauen müssen bestraft werden, die Wut muss irgendwohin.

Möglichkeit zwei: Betrifft ebenfalls Mütter, die andere Mütter verurteilen. Viele Mütter sind unsicher und suchen deswegen Schutz in einem Heer, indem sie alles so machen, wie das Heer es macht. Das Verurteilen anderer hebt die Truppenmoral, festigt ihre Identität und mindert das eigene Gefühl der Unsicherheit.

Die beiden beschriebenen Ansätze beschränken sich auf Dynamiken, die ich unter Müttern und bei mir selbst beobachtet habe beziehungsweise vermute. Die Sache ist aber, dass literally jeder zum Thema Stillen Stellung bezieht, zumindest erschien es mir so, wenn Männer wie Frauen jeden Alters sich, wenn wir einander begegneten, darüber versicherten, dass ich stille. Du stillst, oder? Für dich Wasser, Tee, Saft? Klappt es mit dem Stillen? Dann, wenn ich bejahte, zufriedenes Nicken und: Stillen ist das Beste für das Kind. Selbst von Männern, mit denen ich früher immer nur über Musik und die Clubs des letzten Wochenendes geredet hatte, wurde ich darüber aufgeklärt, dass Stillen das Beste für das Kind sei. Und so war es, als gehörten meine Brüste und was ich mit ihnen machte plötzlich Deutschland.

Frage ich mich, woher diese Verbissenheit und Strenge kommt, wenn es um das Thema Stillen geht, muss ich immer sofort an die Nazis denken. Vielleicht liegt das an der Härte, mit der Frauen zum Stillappell gerufen werden, am von den Nazis gepflegten Naturfetisch und daran, dass eben diese Versessenheit auf die sich aufopfernde Mutter, die das Volk an ihrem Busen nährt, darauf verweist, dass es um den Erhalt und die möglichst gesunde Aufzucht einer Nation geht. Das würde auch erklären, warum fremde Menschen sich angesprochen fühlen, wenn fremde Babys mit der Flasche ernährt werden. Weil dieses Baby auch ein bisschen ihr Baby ist, weil es zu diesem Land gehört. Und in diesem Land hat der Muttermythos nun mal eine lange und nicht so schöne Tradition, hervorragend nachzulesen übrigens in dem von der Literaturwissenschaftlerin Barbara Vinken verfassten Buch *Die deutsche Mutter*.

Darin wird auch die Nazicheferzieherin Johanna Haarer

erwähnt, die in ihrem 1934 erschienenen Buch *Die deutsche Mutter und ihr erstes Kind* beschrieb, wie mit einem Säugling umzugehen sei, damit es ein deutscher Säugling werde, der sich später perfekt in den Volkskörper einfügt. Die dazugehörige Mutter sollte nach Haarers Vorstellung natürlich sein, erdverbunden und frei von französisch-dekadentem Quatsch (Make-up zum Beispiel). Sie sollte stark sein, sportlich und gesund. Ihr Wirkungsbereich war das Heim, ihr Job (Job, weil es sich um eine von den Nazis reglementierte und funktionsorientierte Tätigkeit handelte) war das Gebären und Aufziehen der Kinder, und insofern wurde dieser deutschen Mutter bei den Nazis eine sehr zentrale Funktion zugewiesen, die religionsartig überhöht wurde. Die deutsche Mutter sollte sich aufopfern, indem sie stetig für Nachschub an Deutschen und insbesondere deutschen Jungen sorgte. Und vor diesem Hintergrund ist es natürlich überhaupt keine Überraschung, dass die Art der Erziehung dieses deutschen Nachschubs durch die Zuchtbeauftragten, also die Mütter, streng überwacht wurde, zumal die zentrale Funktion, die ihnen zugewiesen wurde, und ihre Überhöhung ja auch eine Auszeichnung waren.

Das antisemitische, frauen-, kinder- und also vollkommen menschenfeindliche Buch von Johanna Haarer war während der Nazizeit ein Bestseller. Es wurde aber auch danach weiter verkauft, ein bisschen vom Nazivokabular und den brutalsten Forderungen befreit, versteht sich (die Mutter kämpft mit dem Baby eine Art Schlacht, bei der sie die Oberhand gewinnen muss, deswegen: hart sein, nicht trösten, überhaupt schreien lassen, denn Schreien stärkt die Lungen). Der Ratgeber (die Handlungsanweisung, muss man korrekterweise sagen) hieß dann nur noch *Die Mutter und ihr erstes Kind* und war bis in die 70er-Jahre in vielen Haushalten in Westdeutschland zu finden. Zum letzten Mal wurde das Buch 1996 im Carl Gerber Verlag in einer »völlig neu bearbeiteten und erweiterten Auflage« verlegt.

Diese Johanna Haarer jedenfalls war ein großer Fan des Stillens, was angesichts der Natur- und Reinheitsbesessenheit der Nazis ebenfalls keine Überraschung ist und sich in die ziemlich verrückte Idee eines romantisch-deutschen Naturkreislaufs einfügt. Die deutsche Mutter isst Kartoffeln aus der deutschen Erde, die in ihrer Brust zu Milch werden, die sie ihrem deutschen Säugling verabreicht, der schließlich in den Krieg zieht, bis er stirbt, und dann wieder zu Erde wird, zu deutscher Erde, auf der wieder Kartoffeln angebaut beziehungsweise herumgetollt werden kann, durch deutsche Kinder, versteht sich. Natürlich, das ist jetzt mit Absicht ein bisschen absurd formuliert, aber es zeigt dennoch die Idee eines reinen und ausschließlich deutschen völkischen Kreislaufs, der in seinem Deutschsein nicht unterbrochen wird. Die in der Nazivorstellung kranke, sich selbst zersetzende, dekadente und viel zu vielgestaltige Moderne sollte durch die Reinhaltung des deutschen Bluts, durch Naturverbundenheit, durch Zucht und Ordnung kuriert werden. Die deutsche Mutter, so Haarer also, müsse stillen, nur dann sei sie eine richtige deutsche Mutter, nur dann erfülle sie ihre Pflicht. Abgesehen von der Betonung von »deutsch« entspricht das leider ziemlich exakt der heute verbreiteten Stillideologie. Der bereits erwähnte *ZEIT-online*-Text »Stillen ist Liebe, Fläschengeben auch« berichtet von Hebammen, die das Stillen als Menschenrecht für Babys bezeichnen und sich wünschen, dass es Pulvermilch nur noch auf Rezept in der Apotheke gibt. Wenn auch nicht immer explizit, so geht es bei diesem Stillappell noch immer um Pflicht und Aufopferung, um den unerhörten Verdacht, die betreffende Mutter stille möglicherweise nicht, weil sie zu faul sei oder gar an sich denke. War in den 60er- und 70er-Jahren Flaschenmilch zeitweise ungeheuer angesagt, so ist sie heute ein Makel, persönliches Versagen, ein Problem. Denn offenbar besteht weiterhin das Bedürfnis, jenen Bereich, aus dem später dieses sogenannte Volk hervorgeht, zu überwachen und zu reglementieren.

Die Mehrheit der Frauen stillt. Vermutlich deswegen, weil die Vorteile evident und in zwei Sekunden dargelegt sind (gesund, fördert Nähe, praktisch). Es geht hier jedoch nicht darum, das Stillen zu bewerten, sondern den dogmatischen Umgang damit. Dieser Umgang nämlich erzählt nicht nur eine Menge über die Gegenwart und ihr Verhältnis zu Frauen, er sagt darüber hinaus auch etwas über die in dieser Gegenwart virulenten Ängste.

Im Gespräch mit Freundinnen, in Wartezimmern und im Internet auf der Suche nach Lösungen für Stillprobleme fiel mir auf, dass es bestimmte Menschen sind, die das Stillen besonders hart verteidigen, und dass diese Menschen in Kombination damit häufig ein bestimmtes Set von Ansichten pflegen.

Die Menschen jedenfalls, die ich meine, wollen aus ideologischen Gründen auch sonst zurück zur Natur. Eher Großstadt, aber keine Lust mehr auf die Großstadt. Urlaub auf Bauernhöfen, Naturheilkunde, Homöopathie, Naturkosmetik, Naturtextilien, selbst geschlachtete Schweine, selbst gebackenes Brot, selbst gestrickte Kleider, große Angst vor giftigen Stoffen in Plastikflaschen, überhaupt Angst vor Gift, also das Gefühl, von diesem Leben, wie es ist, vergiftet zu werden. Durch den Elektrosmog, das Handy, die Abgase. Deswegen: Detox-Tees. Angst vorm Impfen, weil die Pharmaindustrie da sowieso irgendwelche kriminellen Deals am Laufen hat mit Deutschland und den Ärzten. Globalisierungskritisch, kapitalismuskritisch. Angst, verarscht zu werden, Angst, nicht »die ganze Wahrheit zu erfahren«, grundsätzlich große Angst, vielleicht sogar große Angst vor Chemtrails? Angst vor einer undurchsichtigen Welt voller Widersprüche, der man misstraut und die man zu bezwingen versucht, indem man sich auf die vermeintlich reine Natur besinnt und somit versucht, Kontrolle zu gewinnen.

Die eben beschriebenen Ängste und Verhaltensweisen findet man in unterschiedlichen Milieus und in unterschiedlicher Ausprägung. Man findet sie bei den bedauerlicherweise sogenannten Prenzlauer-Berg-Müttern, die ihre Kinder und sich selbst in Filz einwickeln, also in einem eher akademischen, tendenziell gut situierten Milieu, das jedoch darum kämpfen muss, gut situiert zu bleiben, und unter einem hohen wirtschaftlichen Druck steht. Man findet sie aber auch in ostdeutschen Akademikerhaushalten, die damit rechnen, dass »das System« jeden Moment zusammenbrechen wird, und die nur zu resigniert waren, um bei Pegida mitzumachen. Und in Nichtakademikerhaushalten natürlich. Und im Westen auch. Unter Rechten wie unter Linken. Auf Anti-Impfblogs, die auf Verschwörungsblogs verlinken. Oder man geht zu einem Geburtsvorbereitungskurs und trifft dort eine Hebamme, die das Stillen verteidigt wie ein Kampfhund (Why? Denn mehr als neunzig Prozent der Mütter wollen es doch), die Flaschennahrung als »Gift« bezeichnet und die außerdem darauf hinweist, dass der Tag der Geburt der schönste Tag im Leben einer Frau sein müsse. Andernfalls würde das Baby das spüren und »wir« (die Anwesenden im Geburtsvorberei- tungskurs) »wollen ja nicht, dass es ein böser Reptilien- mensch wird«. Ein Freund, der mit seiner Freundin diesen Kurs besuchte, erzählte mir von diesem in mehrfacher Hinsicht unglaublichen Tipp, der Naturbezogenheit und Verschwörungstheorie mischt: Demnach sind »die Eliten« in Wahrheit, ja, Reptilienmenschen, hochintelligente We- sen, die Menschengestalt annehmen können und die ent- weder von Reptilien oder von Außerirdischen abstammen, und wie wir alle wissen, bestehen »die Eliten« überwie- gend aus Juden, weswegen diese Verschwörungsidee nicht nur vollkommen abstrus, sondern auch antisemitisch ist.

Das ist nun ein extremes Beispiel. Aber tatsächlich trifft man im Berufsstand der Hebammen neben vielen klugen, differenzierten Frauen, die eine großartige Arbeit machen, auch solche, die stark naturinspiriert sind, die das Impfen kritisch sehen, genauso wie die Gabe von Schmerzmitteln etwa beim Zahnen, weil dieser Schmerz ein natürlicher ist, was selbstverständlich auch für die Geburt an sich gilt. Ge- burt, Mutterschaft und Babys werden als Opposition ver- standen und aufgebaut gegen die kalte, entfremdete und böse Welt da draußen.

Was sich an diesem Back-to-nature-Trend ablesen lässt, ist eine in diesem Land anwesende Angst vor der so- genannten Moderne und der Möglichkeit, in ihr unter- zugehen, die mitunter rassistische und antisemitische Züge hat. Das eigene Leben soll von schädlichen Einflüssen be- freit werden. Es soll wieder verständlich werden. Es soll gut sein und wenigstens ein bisschen wie früher. Und da das Leben bei den Babys anfängt und sie der Inbegriff des Reinen sind, soll hier auf Reinheit eben besonders großen

Wert gelegt werden. Das heißt im Idealfall: eine Geburt ohne Medikamente. Stillen of course. Selbst gestrickte Kleidung für das Baby, selbst gekochte Breis für das Baby – genau wie Johanna Haarer das vor über achtzig Jahren empfohlen hat.

Wie schon geschrieben, ist der Wunsch nach dem einfachen, überschaubaren Leben, frei von Giftstoffen, eine Tendenz, die in unterschiedlichen Milieus in unterschiedlicher Ausprägung zu finden sind. Es ist schwer, diese Tendenz mit Fakten zu beweisen, man kann sie eigentlich nur durch Beobachtungen beschreiben. Ich will nicht sagen, dass eine gebildete Frau sich bei ihrer Stillentscheidung bewusst von Naziideologie oder Verschwörungstheorien leiten lässt, denn das kann ich nicht wissen, und abgesehen davon halte ich es eher für unwahrscheinlich. Ich will darauf hinaus, dass eine gegenwärtig virulente kapitalismuskritische, globalisierungsskeptische Haltung, die sich nach Sicherheit sehnt, durch die genannten ideologischen Versatzstücke sehr passend beantwortet wird, möglicherweise ohne dass jener hypothetischen Frau, von der ich hier schreibe, wirklich bewusst wäre, woher diese Antworten kommen. Ein anderer wichtiger Aspekt der Naturbegeisterung ist sicher auch der Wunsch von Müttern, unbedingt alles richtig zu machen und ihren Job zu beherrschen. Sie wollen ihrem Kind auf keinen Fall schaden, und Natur, so die Logik, kann niemals schaden. Und deswegen hat diese Natur gerade dann Konjunktur, wenn es tatsächlich darum geht, das eigene Leben zu kontrollieren.

7

Das Baby wusste nichts von Nazis. Es wusste nur, dass es Hunger hatte, und ich stillte es. Ich tat nichts anderes mehr, denn das Baby hatte immer Hunger. Vorher waren die tausend Tätigkeiten, die ich während einer Stunde machte, Linien. Viele kleine Linien machten einen Tag, viele kleine Linien nebeneinander.

Kaffee mahlen,
den Kaffee in die Espressomaschine füllen,
Milch erwärmen, die Milch in ein Glas füllen,
die Espressomaschine anstellen,
den fertigen Espresso in das Glas schütten,
ein Löffel Zucker dazu,
umrühren,
den Kaffee trinken, bis das Glas leer ist.

Die Linie beginnt, sie dauert, und dann ist sie fertig. Vorher war es mein Sport gewesen, möglichst viele Linien in einem Tag unterzubringen, möglichst effizient, möglichst gleichzeitig, und wenn ich einen guten Score hatte, dann machte mich das sehr zufrieden. Von nun an aber gab es keine Linien mehr, es gab nur noch angefangene Striche. Keine sauberen Linien, sondern ungelenke Andeutungen von irgendwas. Kleckse, die nirgendwo hingingen. Ein Zimmer voller Kleckse, in der Mitte ich als bewegungsloser Punkt.

Ich hielt das Baby in meinem Arm und sah ihm dabei zu, wie es trank. Ich liebte es, ihm dabei zuzusehen. Es rührte mich, dass es mich brauchte, und ich fand die Macht, mit der ich ausgestattet war, absurd groß. Sie erschreckte mich, und ich wollte mit ihr nichts falsch machen. Gleichzeitig war ich machtlos. Denn wenn ich dachte, das Baby zum Schlafen gebracht zu haben und nun endlich und wie eine Süchtige eine angefangene Linie beenden zu können, weinte es, und ich ging zu ihm zurück, um wieder bewegungslos zu werden. Die angefangenen Striche machten mich wahnsinnig. Sie schwammen rot durch mein Gehirn, eine ganze Wohnung voll davon, tanzendes Chaos. Und dabei war nicht der unfertige Kaffee das Problem, nicht die nasse Wäsche, die noch immer in der Maschine lag, nicht die unausgeräumte Spülmaschine oder dass nur eines meiner Augen geschminkt war. Das Problem war, dass der Work-Modus, in dem ich mein Leben gewohnt gewesen war zu bearbeiten, noch immer weiterlief und ich versuchte, ihn aufrechtzuerhalten. Das Problem war, dass ich nicht gewohnt war, von mir und dem, was ich wollte, abzusehen.

In der Schule hatten sie uns damals diese Aufgabe auf die Tische gestellt, um uns auf unser Leben vorzubereiten: Seid schnell, schneller als die anderen, sagte unser Mathelehrer und erzählte irgendetwas von China. Aus euch soll etwas werden, und wenn ihr es nicht schafft, dann schafft es jemand anderes. Und danach ging diese Werde-was-Konditionierung selbstverständlich weiter. Es wurde und wird die Abwesenheit einer Ideologie in diesem demokratischen Land behauptet, das sich um seine Schwachen kümmert, wenn sie immer pünktlich auf dem Amt erscheinen. Ob es in diesem Land nun eine Ideologie gibt oder nicht, ist eine komplizierte Frage. Was es aber auf jeden Fall gab und gibt, das ist das Ideal des leistungsstarken Menschen und diese Angst der Erwachsenen, nach der alles schmeckt. Angst nach unten, Druck nach oben. Faulheit wird bestraft, bleibt in Bewegung, flexibel, agil, eigeninitiativ.

Wenn ich nun also nach mehreren Jahrzehnten Ich-Sport mit dem Baby auf dem Sofa saß, wurde ich nichts, ich kam nicht weiter, ich war nicht flexibel und agil, im Gegenteil, ich bewegte mich gar nicht (wie ein deaktiviertes Facebook-Konto, dachte ich, existent, aber inaktiv). Ich stillte ein Kind, ich erfüllte basalste Bedürfnisse, bei denen es um alles ging. Bevor ich ein Baby hatte, waren mir aber diese Bedürfnisse (Nahrung aufnehmen, Nahrung verarbeiten und wieder ausscheiden, Nähe) so grundlegend und einfach erschienen, dass ich annahm, diese Bedürfnisse erfüllten sich von selbst, sie nähmen keine Zeit in Anspruch, sie seien auf dieser Welt in diesem fortgeschrittenen Jahrhundert ganz einfach kein Thema mehr. Nicht, dass ich das aktiv gedacht hätte, aber die Langsamkeit, zu der ich von nun an gezwungen war, schockierte mich (ich meine: Trinken! Kann man das nicht irgendwie nebenbei erledigen? Seit wann ist Trinken ein Termin? Kann man das nicht noch mit einer anderen Tätigkeit verbinden?).

Kann man nicht. Manchmal checkte ich beim Stillen, mein Telefon in der freien Hand, was bei Facebook los war (das war vor der Digitale-Medien-Studie, und ich möchte mich dafür hiermit öffentlich entschuldigen, ehrlich, ich fand und finde das komplett asozial von mir, und Sie können sich sicher sein, dass ich mir darüber im Klaren bin, dass ich da als Mutter superschlecht performt habe, also again: sorry). Ich saß da und sah, was bei Facebook los war, wie es raste und wurde, immer mehr wurde, wie Menschen erfanden, gründeten, kauften, verkauften, wählten, explodierten und sich dabei fotografierten und filmten und darüber schrieben und sich fortwährend multiplizierten, während ich bewegungslos war. Ich stillte ein Kind, damit dieses Kind einmal in der Lage sein würde, etwas zu werden. Es gibt nichts Gegensätzlicheres als die Mach-was-aus-dir-Konditionierung, die so ein moderner Kopf durchläuft, und die Versorgung eines Kindes. Und wenn ich dasaß und stillte und bewegungslos war, fragte ich mich, ob es möglicherweise auch diese zuvor erfahrene Erziehung zu sich selbst ist, die Frauen verzweifeln lässt, wenn Natur und Sozialisierung einen krassen Unfall haben. Ich brauchte lange, bis ich akzeptierte, dass ich nicht mehr schnell war und mein Radius beschränkt war auf die Wohnung, unsere Wohnung.

8

Diese verfluchte Wohnung. Vierter Stock, kein Aufzug, und den Kinderwagen konnte man im Hof nicht stehen lassen, weil selbst die schrottigsten Fahrräder von den Junkies geklaut wurden. Und so blieb der Kinderwagen in unserer Wohnung, und wir trugen das Baby in einer Trage durch die Straßen, allerdings auch nur, wenn es sich nicht vermeiden ließ und Dinge besorgt werden mussten. Denn es gab in unserer Gegend kaum Gründe, mit einem Baby das Haus zu verlassen, außer frischer Luft. Die Straßen und Läden waren in der Regel keine Orte, an denen man sich mit einem Baby aufhalten wollte.

Diese verfluchte Wohnung also. Wir waren zu viert. Mein Freund, das Baby, die Wohnung und ich. Wir waren: drei Zimmer, Küche, Bad. Die Möbel standen feindlich da und bewegten sich keinen Zentimeter, sie waren im Weg und gemein, und jeder trat jedem auf die Füße. Das tat weh, weswegen wir Tische, Stühle und die drei Zimmer beschimpften. Fünfundsechzig Quadratmeter, zwei Menschen können darin nie weiter voneinander weg sein als vier Sekunden. Wir waren müde, unsere Augen Blaulichter. Wir waren Anfänger. Der Ton änderte sich, genauso wie das Denken.

Ob er mir dies oder jenes bringen könne. Ob ich daran gedacht hätte, das und das zu kaufen. Fragen, die eigentlich Aufforderungen waren und die sich auf der alltäglichsten Gebrauchsebene abspielten.

Kannst du, hast du, holst du.

Die Wörter »kurz« und »schnell« spielten in unserem Vokabular eine neue und wichtige Rolle. Fragen wurden mit ihnen versehen, so, als habe der Fragende ein schlechtes Gewissen und wolle seinem Gegenüber die Frage als nicht so schlimm verkaufen. Kannst du kurz halten, holst du schnell, kannst du kurz kommen.

Verarsch mich nicht, fuck you, und dieses verdammte »kurz«, hier geht nichts mehr kurz, das hier dauert ewig.

Die Sätze, in denen wir miteinander sprachen, nahmen immer den schnellsten Weg, weil für mehr keine Zeit war, und genauso veränderte sich das Denken. Die Art, wie jene Sätze gebaut waren, war weniger überlegt und darauf ausgelegt, schön zu sein. Es war unmöglich, länger bei einem Gedanken stehen zu bleiben und sich von ihm an einen anderen Ort führen zu lassen, weil einem sofort irgendein Problem, auf das reagiert werden musste, an die Stirn klopfte. Plötzlich waren wir in der Welt der Dinge zu Hause und stolperten in einem fort über Ecken und Kanten. Kinderwagen, Kindersitz, Gurte, Schließmechanismen, die uns festhielten und in denen wir uns verhedderten. Der Imperativ salutierte in Militärausrüstung bei uns im Wohnzimmer, zusammen mit dem Befehlston, während die Wände vibrierten, genau wie unsere Hirnhäute.

Denn danach waren wir zwei Menschen, die beide das Gleiche wollten (Ruhe, sich selbst), und dieser Wille trennte uns, weil immer nur einer haben konnte, was er wollte. Danach konkurrierten wir um Ruhe und uns selbst, und das trennte uns. Wut aufeinander trennte uns. Es gab unterdrückte Schreie und böse Blicke, wofür wir früher viel zu höflich gewesen waren, und ich dachte zum ersten Mal, er sei: ein Mann.

Zum ersten Mal ahnte ich, dass wir nun auf neue Weise geteilt sein würden, nachdem wir aus dem Krankenhaus nach Hause gekommen waren. Mein Freund, das Baby und ich lagen abends im Bett. Das Baby lag zwischen uns, es schlief in unserer Mitte. Wir lächelten uns an, weil es unser Kind war. Wir hatten nicht gewusst, wie schön das Baby sein würde. Wenn etwas schön war, weil es unseres war, wollte ich meinen Freund berühren. Dann hatte ich immer meinen Kopf auf seine Brust gelegt, an ihm gerochen und ihn gestreichelt. Aber dafür war in diesem Moment kein Platz, und das Baby sollte nicht aufwachen. Mein Freund schlief ein, ich sah zu ihm rüber und fragte mich, wie er so schnell schlafen konnte. Wie kannst du nur so dumm sein und gleich einschlafen, dachte ich und wollte nah an ihn ran. Wie sehr du mir fehlst, dachte ich. Ich nahm die kleine Hand des Babys und beobachtete es und ob es noch atmete. Dieses Baby, das verhinderte, dass man sich einfach aus dem Fenster fallen ließ, um an einem anderen Ort anzukommen. Das uns verband, weil hier keiner mehr ohne den anderen weitermachen konnte, das uns aneinanderband und mit der sogenannten Wirklichkeit verheiratete.

9

Die Idee war, dass ich das erste halbe Jahr zu Hause bleiben und für das Baby da sein und mein Freund die zweite Hälfte übernehmen würde. Das Baby war nun fast zwei Monate alt, und mein Freund (selbstständig) musste wieder Geld verdienen. Ich traute mich lange nicht, mit dem Baby nach draußen zu gehen, weil es mir undenkbar erschien, das Baby und mich der Welt auszusetzen. Ich war wund, das Baby klein und rot.

Ich konnte mir nicht vorstellen, mich und meine Brüste den Blicken der anderen auszusetzen, wenn das Baby weinte und ich es möglicherweise nicht würde beruhigen können. Einmal hatte ich es versucht.

Das Baby vor meinen Oberkörper gebunden, vorsichtig Stufe für Stufe nach unten, die Hände schützend vor dem Babykopf. Im Hof, in diesem verlassenen und auf mich in diesem Moment so feindlich wirkenden Hof, fing das Baby an zu schreien. Rotes, entsetztes Schreien.

Wie kannst du nur –

Tu etwas –

Es ließ sich nicht beruhigen, ich wollte meine Tasche absetzen, um das Baby aus der Trage herauszunehmen, die Tasche fiel mir runter, der Inhalt der Tasche verteilte sich auf dem Boden, und das Baby schrie, und das Schreien hallte im Hof und in meinem Kopf, von wo aus es mir direkt in den Magen fuhr und dort jedes einzelne Nervenende schockierte. Das geschah zu Beginn immer, wenn das Baby schrie, das Schreien des Babys tat mir in einer Weise körperlich weh, die sicherstellte, dass ich alles tun würde, um das Baby zu beruhigen, weil es eine Qual war und ich dieses Schreien also fürchtete, wie man Schmerzen fürchtet.

Das Baby schrie weiter, wir standen im Hof, ich nahm es aus der Trage, ich hielt es im Arm, während die Stoffenden der Trage auf dem Boden schleiften, ich wiegte es, ich redete ihm zu, hektisch und supergestresst murmelte ich und versuchte zugleich, Gelassenheit zu vermitteln, weil ich mal gehört hatte, dass »sich alles auf das Baby überträgt«, was mir in jenem Moment einmal mehr wie eine komplett unmögliche Arschlochinformation erschien, die mich an einen totalitären Überwachungsapparat denken ließ, dem ich mich ja ohnehin ausgesetzt sah durch das Internet, mein Tor zur Welt, und seine dort propagierten Mütterbilder, durch die von mir antizipierten Mütteraugen, tatsächlich also durch meine Augen, und schließlich durch die Babyaugen (und das arme Baby konnte nun wirklich nichts dafür). Denn laut der bestimmt irgendwie total richtigen Das-überträgt-sich-alles-auf-das-Baby-Idee spiegelte dieses absolut unschuldige Baby meinen inneren Zustand, der nun mal kein guter war, und das bedeutete zum einen, dass mein Baby unglücklich war weil ich es war und somit Schuld an seinem Unglück. Und das bedeutete außerdem, dass nicht mal mehr mein Innenleben mir gehörte.

Das schreiende Baby auf dem Arm ging ich einige Schritte und versuchte gleichzeitig, die Stoffenden der Trage zu fassen zu kriegen, damit ich nicht stolperte. Das Baby beruhigte sich nicht, beziehungsweise: Es gelang mir nicht, das Baby zu beruhigen. Das heißt, ich war unzureichend, unfähig, unzulänglich, ich schaffte es nicht. Ich beschloss, sofort abzubrechen und wieder nach oben zu flüchten, nie mehr, dachte ich, wirst du diese Wohnung verlassen, nie mehr, zu gefährlich, einfach zu gefährlich. Auf der Bühne des Innenhofs machte ich, von den Fensteraugen umgeben, komische storchartige Bewegungen, um die Sachen vom Boden einzusammeln, während das Baby noch immer schrie und nicht aufhörte. Ssshhht, gleich haben wir es geschafft, ssshhht. Dann hörte ich noch jemanden schreien. Aus einem der Fenster, die bisher nur stumm zugesehen hatten und hinter denen sich scheinbar immer nur nachts gezeigt wurde, kam ein Kopf hervor, was meine Annahme, dass in diesem Haus von morgens bis abends gelauert wurde, bestätigte. Helle Haare hingen aus dem Fenster, eine Frau, soweit ich das erkennen konnte. Sie brüllte. Ich wusste nicht, wen sie anschrie, denn ich verstand zunächst nichts, weil das Baby auf meinem Arm schrie. Die Frau schrie lauter und hatte ein rotes Gesicht. Sie wirkte, als sei sie froh über diese Gelegenheit, in die Öffentlichkeit reinzuschreien. Ich sah mich um, um herauszufinden, wen sie meinte, wobei ich die Gegenstände, die ich zuvor aufwendig aufgehoben hatte, fallen ließ. Ich verstand dann, dass diese Frau, die inzwischen mit allem, was sie hatte, schrie, mich meinen musste. Ich rief, dass ich sie nicht verstehen könne. Und die Frau brüllte und begann mich zu beschimpfen. Ich verstand nicht jedes Wort, aber zumindest, dass wir sie störten. Ich fing sofort an zu weinen und verließ den Hof und ließ alles, was ich verloren hatte, liegen. Oben angekommen, verriegelte ich die Tür hinter mir. Ich heulte, wie ich lange nicht mehr geheult hatte, und tröstete das Baby, meinen Partner im Weinen. Es verstummte, es sah mich interessiert und merkwürdig klug an. Ich versprach uns, dass wir erst mal für immer hier oben bleiben würden.

Lese ich die vorangegangene Passage, denke ich: was für ein banaler Vorgang. Eine Frau verlässt mit ihrem neugeborenen Baby das Haus. Das Baby schreit, die Frau verliert die Nerven (warum?). Eine andere Frau schreit die Frau des schreienden Babys an, weil sie sich gestört fühlt. Die andere Frau schreit auf eine Weise, die nahelegt, dass sie sozial nicht so richtig kompetent ist, sie wirkt, als habe sie Probleme, als wäre es am besten, sie einfach schreien zu lassen. Die Mutter des Babys aber ist von dem Schreien in einer Weise angefasst, die sie beschließen lässt, vorerst ihre Wohnung nicht mehr zu verlassen. Die andere Frau ist in dieser Szene die Böse, natürlich, wohingegen die Mutter in dieser Szene, na ja, die Mutter ist. Von komischen Gefühlswellen überrollt, ängstlich, irrational, schwierig, unbeweglich. Because: so what, dann geht man halt weiter, wo ist das Problem? Ich bin sicher, dass ich diese Szene (ohne es zuzugeben) vor dem Baby auf ähnliche Weise gelesen hätte und die in dieser Gesellschaft vorgenommene Trennung zwischen Mutter und Nichtmutter mitsamt all den dazugehörigen Klischees und Vorstellungen vollzogen hätte, ohne mir darüber im Klaren zu sein, doch dazu später.

Erst mal nahm das Für-immer Gestalt an. Mein Freund verließ morgens die Wohnung, und ich mochte es nicht, wenn er das tat. Obwohl ich es besser wusste, bekam ich schmale Lippen, weil er mich alleine ließ. Denn vor mir lag dann ein langer, unbeschriebener Tag, in dem ständig irgendetwas passieren würde, ohne dass ich bestimmen konnte, wann etwas passierte und was passierte. Ohne dass ich am Ende des Tages würde sagen können, was passiert war, denn es war nichts passiert, und das stimmte auch nicht, denn es musste eine Menge passieren, damit es weiterging. Damit ein Zustand, ein guter Zustand gehalten wurde. Ich stillte und wickelte das Baby, ich wiegte es in den nächsten Tag, auf den ein neuer folgte, an dem ich Dinge in der Wohnung von einem Raum in den nächsten verschob, sie wieder zurückräumte, an dem ich Dinge benutzte, um sie dann wieder in den Zustand vor der Benutzung zu versetzen, an dem ich Dinge bestellte, damit wir sie verbrauchen konnten, an dem ich unsichtbare Handlungen vollzog, damit wieder alles aussah wie vorher und mein Freund, wenn er nach Hause kam, denken musste, es sei nichts gewesen, und dann fragte ich mich, ob ich für ihn möglicherweise bald auch unsichtbar werden würde, wenn das so weiterging, und dachte daran, wie viel Prozent der Paare sich im ersten Jahr nach der Geburt ihres Babys trennten, und begann zu ahnen, warum. Ich fragte mich außerdem, was mit mir nicht stimmte, dass mir dieses Life so hart, so unglaublich hart und unerbittlich vorkam, wobei mir auffiel, dass diese Frage und die Auseinandersetzung damit wohl ein zentrales, wenn nicht das Thema im Leben von Müttern zu sein schien, denn ich hatte diesen Satz schon häufig gelesen, war jedoch der Überzeugung, dass mit mir wirklich etwas nicht stimmte. Denn ich fand es nicht nur anstrengend-aber-wunderschön, ich fand keine Worte dafür. Ich hatte keine Zeit für Worte, für geschriebene Worte, die mir bisher meine Existenz bewiesen hatten, und wurde unsichtbar, vor allem für mich selbst. Fragte mich jemand, wie es mir gehe, antwortete ich: »Keine Ahnung.«

»Wie?«

»Na ja, es ist anstrengend, aber wunderschön.« Und auch wenn dieser Satz richtig war, war er vollkommen falsch. Er war zu kurz. Er enthielt eine eilige Entschuldigung dafür, dass es anstrengend war. Denken Sie nichts Falsches, ich liebe mein Kind. Dieser Satz versteckte in fünf Worten all das, was das Gegenüber, was diese Society nicht wissen wollte (und tatsächlich habe ich starke Schuldgefühle, weil ich Sie damit behellige. Ehrlich, es tut mir total leid). Dieser Satz machte die Härte, die Angst und die Isolation konsumierbar, indem er gut ausging. Alles okay mit den Muttis in Germany. Auch bei mir, die ich nicht Gefahr laufen will, dass Sie denken, bei mir stimmt was nicht, dass Sie denken, ich würde mich beschweren, obwohl ich es doch selbst so gewollt hatte.

Die Tage waren gleich und ewig, aber ein Tag war anders.

Das Baby schlief, und auch ich versuchte zu schlafen. Dann klopfte es. Ich wartete auf ein Paket und ging zur Tür. Ohne zu fragen wer da etwas wollte, öffnete ich sie. Vor mir stand ein Mann. Vor mir stand der Mann. Ich brauchte lange, viel zu lange (Sekundenbruchteile, in denen er mich hätte umbringen können, dachte ich später), bis ich verstand, dass er es war, der vor mir stand und grinste, mir ins Gesicht grinste, als sei es sein persönlicher Triumph, sein Grinsen vor meinem Gesicht, nein, in meinem Gesicht zu platzieren. Als genieße er meine Angst und die Möglichkeit, wirksam zu werden. Am oberen Ende seines Schneidezahns war etwas Schwarzes, vermutlich ein Essensrest. Über der Haut lag ein Schweißfilm. Ich sah den Fleck auf der Mütze, den ich bereits bei der letzten Begegnung bemerkt hatte. Ich atmete. Er sagte »Hallo«. Hallo?

Er ging einen Schritt auf mich zu und stand so dicht vor mir, dass ich die Wärme seines Atems spürte. Ich ging einen Schritt zurück, ich schrie auf und knallte die Tür zu. Insgesamt hatten wir uns vielleicht drei Sekunden gegenübergestanden. Der Mann schlug von draußen gegen die Tür. Ich zitterte und suchte mein Telefon. Ich rief meinen Freund an und lief telefonierend im Flur auf und ab. Das Klopfen verstummte, und mein Freund sagte, er würde sich sofort auf den Weg machen. Ich überlegte, ob ich die Polizei anrufen sollte, aber der Mann hatte aufgehört, gegen die Tür zu hämmern. Wieder war nichts passiert. Er hatte geklopft, er hatte dicht vor mir gestanden und gegrinst und dabei eklig ausgesehen. Er war wieder gegangen.

10

Hatte ich vorher versucht, mein Unbehagen in diesem merkwürdigen Haus zu ignorieren, weil ich mich nicht so anstellen wollte, bekam ich nun Angst. Angst, die ich nicht mehr vor mir verstecken konnte. Angst auch, weil ich an das Haus gebunden war und nicht gehen konnte, jedenfalls nicht einfach. Ich fand dieses Haus nicht mehr nur merkwürdig, ich fand es böse. Ich begann, es zu hassen.

Mein Freund erfuhr im Gespräch mit einem Bewohner des Hauses, dass der Mann, der vor unserer Tür gestanden und mich angegrinst hatte, vermutlich auch der war, der immer so schrie. Der schrie, wenn es einen islamistischen Terroranschlag gegeben hatte, der aber auch sonst und ohne besonderen Anlass schrie, abends, wenn er betrunken war, von seinem Balkon herunter. Mein Freund fand außerdem heraus, dass der schreiende Mann wohl das Gefühl hatte, er werde politisch verfolgt. Denn jener Bewohner hatte einmal versucht, den schreienden Mann davon zu überzeugen, dass er endlich still sein sollte. Der schreiende Mann hatte in diesem Gespräch erklärt, er sei ein Opfer der BRD-GmbH, Deutschland sei unrechtmäßig und noch immer besetzt, dieses Land würde nichts für ihn tun, Scheißausländer, alle kriminell, raus mit denen und so weiter. Ich schloss daraus, dass es auch dieser Mann gewesen war, der mir einige Monate zuvor den beschriebenen Zettel mit den merkwürdigen Gutscheinen in den Briefkasten gesteckt hatte, die ich längst weggeschmissen hatte, weil ich sie hatte vergessen wollen. Die Wortwahl in der handschriftlichen Nachricht zusammen mit dem, was der Bewohner wiedergab, ließ mich an irgendetwas aus der Richtung Extremistischer-Neo-Nazi-Reichsbürger-Talk denken, also jene Gruppierung von Verschwörungstheoretikern, Rechtsextremisten und Esoterikern, über die man immer mehr in den Zeitungen las und im Radio hörte.

Die selbst ernannten Reichsbürger zweifeln an der Legitimität Deutschlands. Sie argumentieren, dass die Weimarer Verfassung nie außer Kraft gesetzt wurde, nicht von den Nazis und später auch nicht von den Alliierten, weswegen das Grundgesetz nicht gelte. Sie gehen also davon aus, Deutschland existiere gar nicht. Deswegen, so ihre Logik, muss man sich auch nichts von den Polizisten und Gerichten sagen lassen und natürlich keine Steuern zahlen. Außerdem glauben viele dieser sogenannten Reichsbürger, der Holocaust sei nicht passiert. Die Demokratie müsse dringend abgeschafft werden, Geflüchtete hätten hier nichts zu suchen. Sie wollen ein Deutschland wiedererrichten, das weite Teile Polens einschließt. Wie viele es von ihnen gibt, weiß man nicht genau, die letzte Schätzung ging von etwa zehntausend aus. Laut Aussage des Verfassungsschutzes haben überproportional viele von ihnen einen Waffenschein und zeigen eine »erhebliche Gewaltbereitschaft«.

Dennoch, wann immer ich etwas über sie gehört oder gelesen hatte, hatte ich nicht nur mit dem Kopf geschüttelt, sondern auch lachen müssen, weil mir die Ideen dieser Menschen so komplett absurd erschienen (sie machen sich ihre eigenen Ausweise, Führerscheine und Nummernschilder, sie haben ihre eigenen Minister, sie errichten Fantasiekönigreiche, sie schreiben Ministerien und staatlichen Institutionen jahrhundertelange Briefe, in denen sie erklären, warum Deutschland falsch ist und, by the way, klar kann man Krebs durch bloße Willenskraft und esoterische Energiearbeit heilen).

Den Mann aber, der sich so sehr über meine Angst gefreut zu haben schien, fand ich nicht lustig. Aus irgendwelchen Gründen interessierte er sich für mich, und ich verstand nicht warum. Warum hatte er vor meiner Tür gestanden? Was sollte dieses Grinsen? Warum hatte er »aha« gesagt, als wir uns vor einigen Monaten im Treppenhaus begegnet waren? Aha, sie hat also jetzt ein Kind? Aha, das ist ihr Freund? Aha, das hätte ich aber gerne früher gewusst? Wollte er mit mir befreundet sein, wollte er mein Freund sein, wollte er meinen Freund beseitigen oder mich? Was war sein Plan gewesen, als er vor meiner Tür gestanden hatte? Obwohl mir mein Gefühl etwas anderes sagte, dachte ich immer wieder, dass ich mich zu sehr aufregte. Vielleicht hatte er ja wirklich nur »Hallo« sagen wollen, auf eine merkwürdige Weise zwar, aber mehr nicht.

Wir sprachen mit einem befreundeten Anwalt. Er riet uns, zur Polizei zu gehen, um eine Anzeige zu machen, auch wenn die erst mal nicht viel würden tun können. Wichtig sei, dass das, was passiert war, dokumentiert sei. Ich kam mir lächerlich vor, weil ich nicht wusste, was ich anzeigen sollte, außer den tatsächlich strafrechtlich relevanten »Sieg Heil«- und »Es lebe die SS«-Rufen. Die Zettel hatte ich weggeworfen (weswegen ich mir lächerlich dumm vorkam), als der Mann vor der Tür gestanden hatte, war nichts passiert, außer dass ich Angst bekommen hatte. Trotzdem, wir würden zur Polizei gehen, bald, sobald wir es schafften, die Challenges dieses neuen Alltags, die

Schlafnot, die offenen Nerven und über was man sonst noch so stolperte, zu besiegen und ein kleines bisschen Platz zu schaffen, würden wir zur Polizei gehen. Mein Freund würde mich, wann immer ich das Haus verließ, nach unten begleiten und wieder hoch, wenn ich zurückkam (was ja zu dem damaligen Zeitpunkt ohnehin nicht oft vorkam). Um irgendetwas zu tun, kaufte mein Freund Pfefferspray. Ich nahm es und dachte, dass ich es, wenn das Baby in der Nähe war, ohnehin nicht würde benutzen können, und ich bin mir sicher, dass mein Freund das Gleiche dachte. Es durfte eben einfach nichts passieren. Weitere Maßnahmen: Tür immer von innen abschließen, wenn ich alleine war. Nie mehr ohne durch den Spion zu gucken die Tür öffnen. Wenn er noch einmal dort stehen würde, sofort die Polizei rufen. Die Polizei rufen, wenn er das nächste Mal von seinem Balkon schrie, jedes Mal die Polizei rufen, wenn er das tat.

Das nächste Mal war der von einem Islamisten verübte Sprengstoffanschlag in Ansbach, es war der 24. Juli. Der Mann schrie von seinem Balkon »Sieg Heil«, »Freiheit für Martina Zschäpe« und »Mohammed ist eine Hure«, immer wieder und in unterschiedlichsten Variationen. Als er schrie, schrie das Baby in meinem Arm ebenfalls, und ich machte die Balkontür zu. Mein Freund hatte einen Auftrag und war nicht da. Mir fiel auf, dass ich noch nie zuvor die Polizei gerufen hatte und nicht mal genau wusste, wie das ging. Wählte man in solchen Fällen (und was war das überhaupt für ein Fall?) 110, oder rief man da nur an, wenn es richtig ernst war? Ich hatte keine Hand frei, um das zu googeln, und als das Baby schlief, hatte er aufgehört. Die Polizei, dachte ich, ist in meiner Rechnung bisher überhaupt nicht vorgekommen. Die Polizei als die Exekutive eines Staats, dessen Bürgerin ich zwar offiziell war, zu dem ich mich aber nicht zugehörig fühlte. Aber vielleicht war das ja ein Merkmal meiner Zugehörigkeit: das Nichtdazugehören. Unverbundenheit nicht nur, wenn es um Orte, Räume, Beziehungen und Identitäten ging, sondern auch, was diesen Staat betraf. Die Menschen, die in ihm lebten, diese sogenannte Gesellschaft. Und eben seine Polizei. Der Grund dafür, dass es mir bisher gelungen war, an jener Gesellschaft vorbeizuleben, ohne unangenehm von ihr berührt zu werden und umgekehrt nicht unangenehm aufzufallen, lag nahe. Er hat wesentlich damit zu tun, dass meine Eltern Geld hatten und Bildung, ich also in einer sicheren Gegend aufwuchs, in der bestimmte Konventionen eingehalten wurden und man grundsätzlich respektvoll miteinander umging. Es wurde sich nicht schlecht oder komisch benommen, weil es den Bewohnern dieser Gegend viel zu wichtig war, was die Nachbarn über sie dachten, und es somit eine sozial kontrollierte Gegend war. Nie musste ich mich mit Ämtern und anderen staatlichen Institutionen auseinandersetzen, außer der Schule und später dem Finanzamt.

Aber vielleicht war die Polizei für mich auch deswegen keine Adresse gewesen, weil es in meiner Familie jemanden gab, der mir sehr wichtig war, der mir seit jeher zu verstehen gab, dass die Polizei (die Bullen) einem nur Schwierigkeiten machte und man sich von ihnen besser fernhielt, was im Übrigen auch für den Staat, seine Parteien und Politiker galt. Dieses Nichtverhältnis zu Germany, das nicht benannt wurde, aber spürbar war, glaube ich bei der Generation meiner Eltern in einem bestimmten Milieu (Akademiker, Nachkriegsgeneration, Westdeutschland, eher links) häufig wahrgenommen zu haben. Der Bürger ist so eine Art misstrauische, genervte Hülle von einem Bürger, mitunter eine verschämte und verdruckste, weil dieses Deutschland, als es in der Vergangenheit besonders bewusst als Deutschland auftrat, eben einen extrem schlechten Eindruck hinterlassen und mithilfe der herausragenden Gründlichkeit und Effizienz seiner Institutionen und Bürger sechs Millionen Juden ermordet hat. Die Leute aus dem westdeutschen Akademikermilieu mussten nach kurzen Revolutionsversuchen natürlich doch irgendwie Geld verdienen und weitermachen. Als ich jene Leute, die Generation meiner Eltern (plus ein bisschen älter), dann später kennenlernte, als ich also die Menschen, die Bücher schrieben, die in öffentlichen Ämtern waren und im Fernsehen auftraten, beobachtete, wirkten sie auf mich häufig wie Menschen, die zwar in einem bestimmten Land lebten, das ihnen wichtig war, aber gleichzeitig viel Wert darauf legten, so zu tun, als gebe es dieses Land gar nicht. Da gab es einen großen Elefanten in den Häusern und Wohnungen, in denen ich war, über den man nicht sprach, weil man dann über den Holocaust und letztlich über sich und die eigenen Väter und Mütter hätte sprechen müssen. Aber man wollte nicht über sich sprechen und was der Holocaust mit einem zu tun hatte. Eigentlich hatte man mit gar nichts irgendetwas zu tun. Man reagierte lediglich misstrauisch (und nicht mal bewusst, denke ich) auf den deutschen Staat, um sich von Deutschland zu distanzieren, in dem irgendwie dieser Holocaust passiert war. Man versuchte, die eigene Geschichte abzuschneiden. Dazu gehörte auch, dass der Staat der Staat war und dass es eigentlich egal war, wo man wohnte oder herkam, weil das Gefühl von Heimatverbundenheit verdächtig und kontaminiert war. Dazu gehörte, dass man sich all das (Germany) zu

Hause auf dem Sofa vor dem Fernseher ansah und ein bisschen darüber lachte, denn wirtschaftlich war ja alles okay.

Dieses Lachen hatte ich übernommen, insbesondere was die Polizei betraf. Die Sheriffs, die Cops, die Bullen. Ich fragte mich immer, wie sie sich und ihre Uniformen überhaupt ernst nehmen konnten. Ich dachte, die taten nur so, als seien sie Polizisten. Außerdem hatten sie mir immer nur Probleme gemacht, wenn ich bei Rot über eine Ampel gefahren war. Nie war ich auf die Idee gekommen, sie anzurufen, wenn ich Hilfe brauchte. Nie. Und genau wie die Reichsideologen hatte ich keinen Vertrag mit der Polizei und mit dem Staat, in dem ich lebte. Genauso wie sie wollte ich, dass bestimmte Menschen, die mich störten, verschwanden. Ich hasste, wie der Mann auf seinem Balkon schrie. Dass ich mich dem nicht entziehen konnte, dass ich nichts tun konnte. Dass er schrie, während mein Baby schlafen sollte, das mit diesem Mann nichts zu tun haben sollte.

Als mein Freund wieder nach Hause kam, beschlossen wir, dass wir eine neue Wohnung suchen müssten. Ich sprach inzwischen von einer »besseren Gegend«, ohne mich zu korrigieren.

11

Seit das Baby da war, kam ich, wenn ich das menschenleere Treppenhaus mit seinen grauen Wänden hochging, oben in einer fremden Zeit an.

Ließ es sich nicht anders einrichten und ich musste alleine durch das Treppenhaus, drehte ich mich, das Baby vor den Oberkörper gebunden, auf dem Weg nach oben tausend Mal um. Das Haus machte nun Geräusche, die ich vorher nicht gehört hatte. Zwei Treppen unter mir knarrte es, vielleicht war er das, vielleicht hatte er gerade seine Wohnung verlassen, dachte ich und hielt inne, hielt den Kopf des Babys und versuchte, lautlos zu sein, wobei mir auffiel, dass das Licht, das durch die Fenster ins Treppenhaus fiel, aussah, als habe es die Farbe von Asche. Wenn irgendwo eine Tür schlug, wenn sich ein offenes Fenster bewegte, zuckte ich zusammen. Wenn ich hörte, dass mir jemand im Treppenhaus entgegenkam, beugte ich mich über das Treppengeländer, um zu sehen, wer es war. Ich zuckte und zitterte, in manchen übermüdeten Momenten glaubte ich ganz ohne Grund gezuckt und gezittert zu haben. Erstaunt nahm ich zur Kenntnis, wie groß meine Angst war, und fand sie übertrieben, weil mir nichts anderes übrig blieb. Denn wir wohnten in diesem Haus, und das würde so bleiben. Bis wir etwas Neues gefunden hatten, das wir bezahlen konnten und das unseren Vorstellungen entsprach, wobei die Vereinbarung dieser beiden Faktoren uns, je länger wir suchten, immer unwahrscheinlicher erschien.

Im Treppenhaus hatte ich Angst, ich ging deswegen nicht gerne nach draußen, ich blieb drinnen. Und drinnen war die fremde Zeit, diese fremde Zeit, in der ich angekommen war.

Drinnen war mein Wirkungsbereich. Mein Freund ging nach draußen. So, wie wir es für das erste halbe Jahr vereinbart hatten. Gerecht und klar, wie könnte da ein Problem entstehen?

Es ging ziemlich schnell. Es fing eigentlich sofort an. In dem Moment, in dem wir mit dem Baby unsere Wohnung betreten hatten. Aber es fing zunächst ganz leise an, so, dass ich es kaum merkte. Dieses Ansammeln von gefühlten Ungerechtigkeiten auf einem von mir eröffneten Konto passierte, ohne dass ich davon wusste. Wir betraten mit dem Baby unsere Wohnung und waren eine Familie. Ich wollte, dass unsere Dinge in Ordnung waren, ich wollte, dass in dieser Familie alles richtig war. Ich war verrückt danach, dass es sauber war, dass die Dinge ihren Platz hatten und dort zu finden waren, dass offene Lebensmittel mit Frischhaltefolie abgedeckt waren, dass Flüssigseife da war und Blumen auf dem Tisch, dass nirgendwo benutztes Geschirr herumstand, dass es immer eine Packung Windeln auf Vorrat gab, das Bett frisch bezogen war und die Wäschekörbe leer. Ich habe keine Ahnung, ob das etwas mit meiner frühkindlichen und bis heute andauernden Erziehung zur Frau, mit irgendwelchen Nesthormonen oder damit etwas zu tun hat, dass ich im Fernsehen zu viele Bilder perfekter Familien gesehen habe. Oder damit, dass ich ein bisschen zwanghaft bin und in dieser unkontrollierbaren Situation die Kontrolle behalten wollte. Wahrscheinlich von allem ein bisschen. Jedenfalls war ich absolut on fire, und jedes Zeichen, dass etwas nicht funktionierte, vergessen wurde, liegen blieb, machte mich sehr, sehr nervös. Ich fühlte mich zuständig, sofort und automatisch. Wenn ich es nicht mache, passiert hier nichts, dachte ich und wurde die Familien-Konto-Vorsteherin.

Tatsächlich gab es dieses Konto aber schon vorher, und insofern ist mein automatischer Vorsteherposten keine Überraschung. Schon vorher dachte ich, dass ich es war, die dafür sorgte, dass der Haushalt lief, dass Handtücher und Bettwäsche frisch waren, dass Essen geliefert wurde, dass das Altglas weggebracht wurde, dass wir irgendwelche Stromrechnungen bezahlten und eine Hausratsversicherung hatten. Gelegentlich diskutierten wir darüber, wobei mein Freund entgegnete, dass ausschließlich er kochte und Sachen reparierte und Wasserkästen schleppte und sich um unser Auto kümmerte. Die Probleme, die wir deswegen hatten, waren nicht groß genug, um die Unannehmlichkeiten einer ernsthaften Auseinandersetzung in Kauf zu nehmen. Es erschien mir lächerlich, über solche Kleinigkeiten zu diskutieren, und ich schämte mich, weil ich rechnete. Ich wollte nicht kleinlich sein. Dafür liebte ich es zu sehr, mich gut mit ihm zu verstehen. Dafür lief es zu gut, und so blieb jeder von uns in seiner Version der Geschichte. Ich erzählte mir die Geschichte von der erfolgreichen Frau, die nebenbei auch noch den Haushalt auf die Reihe kriegte (und dabei zum Ausgleich ein bisschen über das Chaos ihres Mannes lächelt, verständnisvoll zwar, aber selbstverständlich ohne es ihm zu sagen, also überhaupt keine gute Geschichte). Und er erzählte sich wahrscheinlich gar keine Geschichte, weil ihm nicht bewusst war, dass er in einer lebte. Er ging davon aus, dass es kein Problem gab, so wie Leute, die aus einem bestimmten Land kommen, das sie noch nie verlassen haben, nicht wissen, was dieses Land ausmacht, bis sie es verlassen und ein fremdes Land besucht haben. Gelegentlich verlor ich dann ein bisschen die Nerven und diskutierte und entsprach somit dem Klischee der aufgeregten Frau, die herumrennt und Stress macht, während der Mann ruhig danebensitzt und nicht weiß, was das Theater soll. Und da ich nicht wollte, dass wir so waren, sagte ich häufig nichts und verhielt mich, wie sich Frauen eben klassischerweise verhalten, die in einer heterosexuellen Paarbeziehung leben und diese gleichberechtigt nennen wollen. Das zu glauben war aber auch nicht schwer gewesen.

Zu der Geschichte von dem Gleichsein gehörte auch, dass wir Erfahrungen teilten, dazu gehörte auch, dass ich bisher geglaubt hatte, ihm alles vermitteln zu können, was ich erlebte. Aber mit der Schwangerschaft und der Geburt ging das nicht mehr. In mir war etwas, das es ihm übel nahm, dass er nicht schwanger gewesen war, dass er nicht hatte verzichten müssen, dass er nicht die Geburt erlebt und mit dem danach versehrten Körper hatte weitermachen müssen. Niemals hätte ich zugegeben, dass ich ihn diese Hypothek bei mir hatte aufnehmen lassen, nicht mal vor mir selbst. Ihr liegt ein irrationales Empfinden zugrunde, das allerdings nachvollziehbar ist, wenn man will. Du hast nicht deinen Körper zur Verfügung gestellt, du hast niemals die Kontrolle über dich verloren, du hast immer dir selbst gehört. Auch wenn ich wusste, dass mein Freund ein Mann war und somit wirklich nichts dafürkonnte, dass er nicht schwanger geworden war, auch wenn ich mir zu jeder Zeit darüber im Klaren gewesen war und es völlig absurd fand, in diese Richtung überhaupt nur zu denken, konnte ich nun nicht mehr finden, dass wir gleich waren. Damit eröffnete ich das Konto.

Das Konto explodierte. Ich sammelte, und er machte Schulden. Ich sammelte immer weiter, Tag für Tag, wenn ich alleine zu Hause war, immer wieder alleine, wenn ich stundenlang stillte und am Sofa festgebunden war, wenn ich nachts wach war, müde war, müder als er, wenn ich aufräumte, den Haushalt organisierte, und vor allem und als gesonderter Posten auf dem Konto: wenn ich an Sachen dachte.

Es gibt für dieses An-Sachen-denken-Thema inzwischen eine feministische Fachbezeichnung. Der Begriff heißt »Mental Load« und benennt jene unsichtbare Arbeit, ohne die kein Haushalt und keine Familie funktionieren kann und die typischerweise von Frauen erledigt wird. Dazu zählen: bürokratische Dinge (Kindergeld, Elterngeld, Mutterschaftsgeld beschaffen, Versicherungen), Baby Related Points wie Kinderarzttermine, Babysitter finden, Babysittertermine ausmachen, Babysittergeld abholen.

Dazu gehört, dass es die Frau ist, die daran denkt, ihm zu sagen, dass er dem Baby die Fingernägel schneiden soll, wenn sie nicht da ist, oder weil sie es nicht sein will, die forever die Fingernägel schneidet, was sie dann sofort ein bisschen lächerlich von sich findet, ich meine, come on, es geht um Fingernägel, aber sie will eben erreichen, dass er beginnt, sich für Sachen ganz von alleine zuständig zu fühlen, so, wie es richtig wäre, so, wie man das auch auf feministischen Blogs nachlesen kann, woraus weiter folgt: daran denken, dass es langfristig ganz schlecht für die Beziehung wäre, wenn er und sie das mit der fairen Aufgabenverteilung nicht hinkriegen, und das bedeutet, dass sie daran denken muss, dass er und sie darüber mal dringend reden müssen, nur wann? Außerdem: Daran denken, dass das Baby neue Babykleider braucht. Und wir brauchen noch vor dem Wochenende Windeln, und warum denkt er daran eigentlich nicht von selber? An Spülmaschinentabs denken, daran denken, ihm zu sagen, dass er die Waschmaschine mit 40-Grad-Wäsche vollmachen und anstellen soll, daran denken, ihm zu sagen, dass er an das Geld für die Putzfrau denken soll (was noch mal ein Extrathema ist, doch dazu später), an Geld überhaupt denken, daran denken, ihm zu sagen, dass sie sich hinsetzen müssen, um über all die Sachen zu sprechen, an die sie in der nächsten Woche denken müssen, daran denken, dass es gut wäre, wenn sie, er und sie, mal wieder etwas gemeinsam machten, damit die Beziehung stabil bleibt. Daran denken, ihn zu fragen, wann er dafür Zeit hätte, und dann den Babysitter fragen.

Ich dachte an das Baby, ich dachte an den Haushalt, ich dachte an ihn, ich dachte an unsere Beziehung. Wenn ich an mich dachte, dann vor allem, indem ich feststellte, dass dafür kein Platz mehr war, um dann im nächsten Gedanken festzustellen, dass ich dieses Denken an die anderen auch für mich machte. Denn ich wollte, dass alles gut war. Ich wollte, dass für meinen Freund alles gut war, und übernahm Arbeiten, die eigentlich er hatte übernehmen wollen, um ihm Zeit zu verschaffen. Ich übernahm diese Arbeiten und nahm es ihm übel, dass ich sie übernommen hatte. Ich leitete die Babyabteilung, die Haushaltsabteilung, die Beziehungsabteilung, die Wie-geht-es-meinem-Freund-Abteilung, und ich wusste schon, als ich ihre Leitung übernommen hatte, dass das zu viel und komplett größenwahnsinnig war, wie meine Psychologin mir ebenfalls bestätigte, aber die Stunden rannten vor mir weg, das Baby hatte Hunger, und die Wäsche war noch nicht abgehängt. Ich hängte die Wäsche ab und legte mit Absicht seine Sachen unordentlich zusammen, weil ich sauer war. Sauer im eigentlichen Sinn, saures Zeug im Herz, im Bauch, im Kopf. Ich war sauer auf ihn und wurde es immer mehr, weil mein wertvolles Gehirn von all den Dingen, an die ich denken musste, okkupiert war und er sein ebenfalls wertvolles Gehirn damit nicht belastete.

Ich zählte die Stunden. Ich saß mit dem Baby auf dem Sofa, ich wiegte und stillte es, ich machte die Waschmaschine voll, ich wartete darauf, dass mein Freund endlich wieder nach Hause kam. Damit er mir das Baby mal aus der Hand nehmen würde. Damit er, damit überhaupt mal jemand mit mir sprechen würde.

Und das war sie, die fremde, die alte Zeit.

Ich nahm mir vor, trotzdem nett zu ihm zu sein, wenn er nach Hause kam. Aber in meinem Kopf hatten sich in seiner Abwesenheit so viele Dinge angesammelt, an die wir denken mussten, dass ich, sobald ich den Schlüssel im Schloss hörte, zielte und auf ihn schoss. Ich wollte nett sein, aber meine Nerven brannten, und außer ihm war keiner da, den ich für all das hätte verantwortlich machen können. Vorher hatte ich ihn niemals angeschrien, jetzt wollte ich ihn anbrüllen. Er kam von draußen, während ich hatte drinnen bleiben müssen. Ich war an der Welt nicht wirksam geworden (weswegen ich in dieser Zeit dauernd Dinge online bestellte, einfach um irgendetwas ausrichten zu können, um zu sehen, dass die Menschen auf mich reagierten, wenn ich etwas tat, das heißt: um mir selbst beweisen zu können, dass ich in dieser Gesellschaft noch vorkam).

Ich hatte nichts zustande gebracht, jedenfalls nichts, das sichtbar war. Die weitverbreitete Abwertung der Arbeit, die ein Tag mit einem Kind bedeutet, steckt in dem letzten Satz, denn tatsächlich ist die Fürsorge für ein Kind das Gegenteil von nichts. Wenn es Gesellschaft geben soll, muss jemand die Sorge für die Kinder übernehmen. Es ist nur so, dass diese Sorge in den Kategorien der öffentlichen Sphäre (Schnelligkeit, Effizienz, Messbarkeit) nicht als Arbeit anerkannt wird. Sie ist eben das, was Frauen tun. Und so hatte ich, wenn mein Freund nach Hause kam, das Gefühl, ich stünde mit leeren Händen vor ihm. Ich hatte nichts zu erzählen. Ich war nicht mal sicher, ob dieser Tag überhaupt stattgefunden hatte und ob heute nicht in Wahrheit gestern war. Er hingegen kam von draußen, und ich fand, dass er glänzte. Er glänzte, weil er erzählen konnte. Weil er Menschen getroffen und mit ihnen gesprochen hatte. Weil er Dinge erledigt hatte, die man benennen konnte. Weil er mit starken Beinen über die Welt gegangen war.

Obwohl wir beide müde waren, zu müde für alles, knallte es gelegentlich und immer häufiger. Es war bisher nie vorgekommen, aber nun saßen wir einander gegenüber und verstanden uns nicht mehr. Wir saßen einander gegenüber und konkurrierten darum, wer das härtere Life hatte. Es gelang mir nicht, ihm meine Sicht zu vermitteln, und ich verstand umgekehrt nicht, wie er zu dem Gefühl kam, komplett fertig zu sein. Gelegentlich fragte ich mich, was ich eigentlich von ihm hören wollte, um zufrieden zu sein, und kam bei dem Satz »Du machst alles, und ich mache alles falsch« an. Wenn er diesen Satz sagen würde, hätte ich endlich recht. Ich musste mir allerdings eingestehen, dass es für uns und diese Gleichheitsidee überhaupt nicht gut aussehen würde, wenn er eine derartige Erklärung abgeben würde.

Ich telefonierte mit Freundinnen, die mir allesamt bestätigten, dass es bei ihnen genauso lief. Dass sie das gemeinsame Leben aufräumten, organisierten und zusammenhielten und dass ihre Männer nicht verstünden, was sie damit meinten. Dass sie viel zu entkräftet seien, um ihren Männern begreiflich zu machen, worum es ging. Dass ihre Männer sich nicht zuständig fühlten, weil sie wüssten, dass sie sich auf ihre Frauen verlassen konnten. Es waren lange, hitzige Gespräche, bei denen ich manchmal laut wurde, und dann hatte ich das Gefühl, dass ich gerade eigentlich meinen Freund anschrie, der mich aber im Unterschied zu den Freundinnen am Telefon nicht verstand und bestätigte. Obwohl ich dachte, dass ich diese Freundinnengespräche eigentlich mit ihm haben müsste und dass ich bei Telefonaten, die zu exakt gar nichts führten, meine Kraft verschwendete, führte ich sie immer wieder.

Neu daran war, dass ich nun in einem Girlsclub war. Vorher hatte ich Institutionen wie Mädelsabende, Mädelsurlaube, Mädelssonstwas entsetzlich, entwürdigend und komplett idiotisch gefunden und wäre niemals auf die Idee gekommen, meine Freizeitgestaltung unter dem Gesichtspunkt der Geschlechterzugehörigkeit zu organisieren. Nun aber gehörte ich dazu, und es war tatsächlich so, dass ich dort verstanden wurde. Die Mitglieder des Clubs waren allesamt intelligente, gut ausgebildete Frauen, die allesamt ein Jahr Elternzeit genommen hatten, weil sie es wollten (weil man das so macht, vielleicht?), aber auch, weil ihre Männer mehr verdienten als sie. Sie alle übernahmen den Großteil der Hausarbeit, der Erziehungsarbeit und der Organisation des Ganzen (es erscheint etwa einmal pro

Jahr eine Statistik, die zu dem Ergebnis kommt, dass es nach wie vor die Frauen sind, die all das erledigen, die letzte mir bekannte ist der Gleichstellungsbericht vom Juni 2017, demnach Frauen weiterhin fünfzig Prozent mehr Hausarbeit machen als Männer, wobei die Mitglieder in meinem Girlsclub nach eigenen Aussagen eher bei siebzig bis achtzig bis neunzig Prozent lagen). Die Mitglieder des Girlsclub vereinte außerdem, dass sie an ihren Männern komplett verzweifelten. Und dass sie diese Männer – ihre Männer – in bestimmter Hinsicht für absolute Idioten hielten. Ich fand diese stille Verachtung, dieses heimliche Kleinmachen einen schlechten, sehr alten und traditionsreichen Witz (einen Herrenwitz tatsächlich, nur umgekehrt), über den ich nicht lachen konnte, weil er allen Beteiligten schadete und die Verhältnisse nicht angriff, sondern im Gegenteil stabilisierte. Aber ich erzählte ihn weiter. Wir bestätigten einander, wie bescheuert unsere Männer zu manchen Teilen waren, wie wenig umsichtig, vorausschauend, fähig, verantwortungsvoll. Wir bestätigten einander, dass wir eigentlich mit Kindern zusammen waren, und legten dann auf, bitter lachend, aber immerhin mit dem Gefühl, nicht alleine zu sein. Immerhin mit dem Gefühl, eine Märtyerin zu sein, deren Fähigkeiten und Opfer von ein paar Freundinnen gesehen wurden, denen es genauso beschissen ging und die somit sich selbst in den beschissenen Gefühlen der anderen sahen.

Ich fragte mich oft, warum es war, wie es war. Nach wenigen Monaten mit Baby war ich davon überzeugt, keine Fragen mehr dazu zu haben, warum Männer auf dieser Welt mehrheitlich die Chefs sind. Ich meine, wie hätten Frauen, historisch betrachtet, denn Chefs werden sollen, wenn sie ständig Babys stillten, für die sie sich, wenn sie nicht mehr gestillt wurden, natürlich weiter und zuallererst zuständig fühlten, denn in der Regel verliebt man sich in so ein Baby, wenn man viel Zeit mit ihm verbringt, und dann kommt ja auch bald das nächste, womit sich der eigene Radius naturgemäß auf die Kinder und den Haushalt beschränkt. Die Exklusivität des Stillens ist schön, kann als schön empfunden werden, ich jedenfalls fand sie schön. Aber sie bedingt auch, dass man zur absoluten und ersten Kümmerperson wird, und das von Beginn an und seit Menschen denken können. Man lernt das Hinhören, das genaue Hinhören, das Hinsehen, das Warten, das Erfühlen des Zustands des anderen, des Babys. Man lernt das Kümmern – und selbstverständlich nicht nur, wenn man stillt –, man ist es.

Man wird es aber auch nicht erst mit dem ersten Baby. Und so dachte ich, wenn ich mich wieder einmal fragte, warum es war, wie es war, und weiter so blieb, dass die Sorge, die Entbehrung und das Leben für andere den Frauen seit jeher in den Bauch gelegt werden. Und dass sie diese Lebensform weitergeben an ihre Töchter, die sie mit Puppen und kleinen Haushaltsgeräten spielen lassen (vermutlich das allerkleinste Problem). Die Töchter können sich auf zwei zentralen Feldern hervortun. Auf dem Feld der Schönheit und dem des Behilflichseins. Sie werden angesprochen, wenn in den Familien soziale und emotionale Belange beantwortet werden müssen, sie sind die Empfängerinnen der Gefühlslagen der anderen. Sie fühlen sich angesprochen, weil sie das betreffend immer angesprochen wurden. Sie werden dazu ausgebildet. Nehmen sie diese Aufgaben nicht an, wird es ihnen übel genommen, auch und insbesondere von Frauen, die es nicht einsehen, dass es ihre weiblichen Nachkommen leichter haben könnten, und das wirkt wie eine zwar unreflektierte, aber mitunter missgünstige Fraktionsdisziplin, die verhindert, dass sich die Dinge ändern könnten. Wenn etwa irgendein Sohn eine Freundin mitbringt, die seine Freundin bleibt, und nach ein, zwei Jahren werden beide zum Geburtstag der Mutter des Sohnes eingeladen, dann wird nicht der Sohn, sondern die Freundin des Sohnes komisch gefunden werden, wenn die beiden ohne ein Geschenk ankommen. Weil das Denken an Aufmerksamkeiten, an das Ausführen von Ritualen, die gemeinschaftsstiftend und erhaltend sind, ein Frauenjob ist. Der Grund dafür ist, dass man Frauen leichter ein schlechtes Gewissen machen kann. Wenn es wieder irgendeinen Familientermin gibt, und da ist ein Sohn und eine Tochter, die beide erscheinen und beide keine Lust darauf haben, und beide sagen nach neunzig Minuten, dass sie nun gehen werden – dann richten sich die Eltern und vor allem die Mutter mit ihren Appellen besonders an die Tochter, weil sie die Erfahrung gemacht haben, dass man bei der Tochter mehr Erfolg damit hat. Insbesondere Mütter wissen, dass diese Von-Frau-zu-Frau-Geschichte funktioniert, und sie benutzen sie. Sie verschicken einen vielleicht nicht aktiv bösen, aber vergifteten Appell an das Bewusstsein über das geteilte Frauenleben. Du verstehst mich doch, du kannst mich doch jetzt hier nicht hängen lassen.

Als ich vor Jahren mein Einstellungsgespräch bei der *FAZ* hatte, gab es Kaffee und irgendwelche Kekse, hübsch angerichtet und serviert von der sehr netten Sekretärin. Anwesend waren Frank Schirrmacher und zwei leitende Feuilletonredakteure. Als wir fertig waren, blieb Frank Schirrmacher auf einem Sessel sitzen und regelte mit seinem Telefon Dinge. Die Sekretärin kam herein, um abzuräumen. Überwältigt von der Aussicht, bei der *FAZ* anzufangen, und ohne es wirklich mitzukriegen, fühlte ich mich schlecht, weil ich dasaß, ohne etwas zu tun, während die Sekretärin hinter uns herräumte. Weil sie eine Frau war, weil alles andere extrem unwahrscheinlich gewesen wäre, weil die Männer entschieden und die Frauen aufräumten und das Machtgefälle so offenkundig war. Die Situation war mir unangenehm. War es nun richtig, sitzen zu bleiben und sich bedienen zu lassen? Oder war es besser, der Sekretärin zu helfen? Ohne bewusst entschieden zu haben und vielleicht auch, weil ich nicht wusste, was ich sonst tun sollte, stand ich auf und räumte den Tisch ab. Frank Schirrmacher sah von seinem Telefon auf und bemerkte, was ich tat. Und er sagte: »Machen Sie das nicht. So etwas dürfen Sie nie tun.« Ich verstand erst später, was er damit meinte. Und ich hatte mich gegen machtstrategische Erwägungen entschieden und dafür, der Sekretärin zu helfen. Weil ich es gewöhnt war, zu helfen und weil ich mich der Frau, der Sekretärin, solidarisch verpflichtet fühlte. Ich weiß nicht, welche der beiden Entscheidungen die bessere ist, wahrscheinlich kommt es darauf an, was man will. Jedenfalls war es diese Frauen-Spezial-Sprache, die ich in der *FAZ*-Kaffee-Situation antizipiert hatte und die einen bei mir offenbar hervorragend ausgebildeten Nerv angesprochen hatte, nämlich das schlechte Gewissen. Das Pendant dazu sind das Lob und die Anerkennung durch soziale und emotionale Leistungen. Der klassische Blick der klassischen Töchter geht deswegen durch den ganzen Raum, er sucht nach Möglichkeiten, um diese Anerkennung zu verdienen. Die klassischen Söhne hingegen fokussieren ihren Blick auf einen Gegenstand, ein Ziel, eine Herausforderung, und es wird ihnen gestattet, diesem Impuls zu folgen. Es wird ihnen gestattet, das Gefühl zu haben, wichtige Dinge zu tun zu haben, ohne zu sehen, was um sie herum passiert, weil sie es sein werden, die später einmal die Firma oder das Land retten werden, während ihnen eine Frau den sogenannten Rücken freihält, ohne auch nur einen Cent dafür zu verlangen. Die klassischen Söhne dürfen sein und tun, und das ist erst mal ausreichend. Sie müssen sich Liebe und Anerkennung noch nicht so früh erarbeiten. Die Söhne sind. Die Töchter verdienen sich ihre Existenz, indem sie Menschen das Sein ermöglichen, und deswegen sind sie die anderen, die überhaupt nur existieren, weil es die gibt, die sind. Sie sind die anderen, die existieren, weil die, die sind, sie schön oder hilfreich finden, wenn die Töchter Glück haben. Man kann dagegen einiges einwenden. Etwa dass die Existenz von Mädchen, wenn sie sich Anerkennung vor allem dadurch verdienen können, dass sie schön sind, ja auch eine Seinsweise ist, die nicht viel mehr erfordert als das bloße Sein. Denn Schönsein, so könnte man meinen, erfordert keine Leistung. Abgesehen davon, dass meine zugespitzte Beschreibung weiblicher Seinsweise ja auch mit einem Handeln (hilfreich sein, emotional ausgleichend wirken) verbunden ist, ist Schönsein immer abhängig von der Anerkennung durch einen männlich geprägten Blick. Dabei ist es egal, ob der Mensch, von dem dieser Blick ausgeht, der also die Anerkennung verteilt, ein Mann oder eine Frau ist. Entscheidend ist, dass es sich um ein System handelt, das Männern hilft und Frauen zumindest in der Systemlogik ebenfalls, weil sie auf die Hilfe ihrer Töchter angewiesen sind. Man kann gegen meine Beschreibung außerdem einwenden, dass Söhne und Töchter doch inzwischen gleich behandelt werden, viel gleicher als früher. Das ist genauso richtig, wie es falsch ist, und diese Feststellung beschreibt jene verwirrende Gleichzeitigkeit, die junge Frauen heute lange denken lässt, man bräuchte diesen Feminismus doch überhaupt nicht mehr.

Sehe ich Männern dabei zu, wie sie etwas wollen, fällt mir auf, dass sie ihren Blick häufig weder nach links noch nach rechts richten.

Dieser eine Freund von mir zum Beispiel. Er macht sehr gute Sandwiches. Er hat Hunger und geht in meine Küche. Er wirbelt dort herum, bis zwei extrem schöne Sandwiches auf den Tellern liegen. Während ich ihn für das Sandwich, diesen Geniestreich, lobe, räume ich die von ihm benutzten Werkzeuge in die Spülmaschine, wische die Arbeitsplatte und stelle die Lebensmittel zurück in den Kühlschrank. Dabei bedanke ich mich für das Sandwich, und er kaut. Ich sorge dafür, dass es ist, als wäre nichts gewesen, unsichtbar verrichte ich unsichtbare Arbeit. Ich sorge dafür, dass es weitergehen kann, dass noch jemand, der Hunger hat, sich ungehindert ein Sandwich machen und, davon gestärkt, geniale Dinge erledigen kann. Natürlich, ich müsste ihm eigentlich sagen, dass er gefälligst hinter sich aufräumen soll. Aber ich will ihn nicht blamieren und mich auch nicht, weil ich mich an solchen Kleinigkeiten aufhalte. In so einer Situation würde ich wahrscheinlich immer denken, dass dieser Freund relativ selten bei mir zu Besuch ist und mir also eher selten die Küche unordentlich macht. Streng genommen, würde ich somit nicht im Allgemeininteresse handeln, sondern zuerst in meinem eigenen. Und das tue ich in der Regel in vergleichbaren Situationen, wohl vor allem aus Bequemlichkeit und Angst vor Scham. Aber vielleicht gibt es noch einen weiteren Aspekt, der mir diese

Entscheidung zumindest erleichtert. Eine Art Benefit, der bei dem ungeschriebenen Vertrag zwischen mir und diesem Freund für mich herausspringt: Vielleicht ist es so etwas wie die Möglichkeit, mich ihm insgeheim überlegen zu fühlen. Weil er sich verhält wie ein Kind und dabei nicht mitbekommt, was ich, während er genial ist, alles mitbekomme und erledige.

Denn der Blick dieses Freundes liegt auf der Sache, die er will, und ausschließlich dort. Das ist so, weil es geht, weil ich und Generationen von Frauen vor mir es möglich gemacht haben. Weil dieser Freund nicht zu den Seiten sehen muss. Weil alles, das zwar unerlässlich, aber nicht zur unmittelbaren Ausführung seines Willens gehört, für ihn getan wird. Weil alles, was getan werden muss, womit man aber keine Preise gewinnt oder Ziele erreicht, für ihn von anderen und meistens Frauen erledigt wird.

Würden die Töchter dieser Gesellschaft nicht helfen, ausgleichen und Sachen wegräumen, würden sie falsch gefunden werden. Würden sie all das nicht tun, würde diese Gesellschaft ganz einfach zusammenbrechen, was jedoch aller Wahrscheinlichkeit nach nicht passieren wird, weil die helfenden Töchter ihre Familien nicht im Stich lassen wollen.

Ein weiterer Aspekt, den ich, die alte Zeit betreffend, bereits beschrieben, aber noch nicht fertig behandelt habe, ist: Liebe. Liebe als Grund dafür, dass es war, wie es war, und so blieb. Liebe und Harmonie als Währung, in der Frauen und Mädchen seit jeher bezahlt werden und die auch ich verdienen wollte. Ich wollte, dass es meinem Freund gut ging und dass er vor allem nicht wegging. Er aber gab alles, was er hatte, er gab mir zu keinem Zeitpunkt Anlass, das zu befürchten. Vielleicht lag es daran, dass ich das Kind extrem geschiedener Eltern bin, vielleicht habe ich zu viel Fernsehen geguckt, I don't know. Ich könnte nun darüber nachdenken, inwieweit mich das Frauen- und Männerbild meiner Eltern geprägt hat, ich könnte psychologisieren, meinen Fall zu einem Einzelfall machen und ihn somit marginalisieren. Aber ich glaube nicht, dass er ein Einzelfall ist, ich glaube im Gegenteil, dass er bestimmte kulturell geprägte und soziologische Konstanten aufweist, die viele Frauen bei sich wiedererkennen können.

Das Bild eines bestimmten Mannes jedenfalls saß fest in meinem Kopf, jener Mann, der von den Zumutungen, die eine Familie bedeutet, und von seiner nicht mehr so schönen Frau genervt ist, der sie schließlich entweder betrügt oder seine Sachen packt oder beides. Ein Mann aus tausend Filmen, Büchern, Witzen und Werbungen, ein Mann wie der Galerist von der Party, die ich besuchte kurz bevor das Baby kam. Ich erzählte meinem Freund aus diesem Grund selten die Wahrheit darüber, wie ich die Dinge sah, ich hielt meine Wahrheit zurück. Ich glaube, dass dieser Bindungsaufrechterhaltungswunsch ein tendenziell femininer ist, weil er die Kernkompetenz von Frauen betrifft.

Ich jedenfalls arbeitete hart für diese Liebe. Sie schmeckte nicht gut, uns allen wurde irgendwann schlecht davon. Ich gab Aufgaben nicht ab, wenn er mir sagte, dass er sie übernehmen würde. Selbst wenn er deutlich wurde und sagte, dass ich ihn machen lassen solle, fand ich Gründe dafür, dass das nicht ging, nicht gehen konnte, weil ich doch unentbehrlich war. Ich ging nicht, wenn er sagte, dass ich gehen könnte. Wenn er mir anbot, dass er mit dem

Baby die Nacht verbringen würde und ich alleine schlafen könnte, lehnte ich ab. Manchmal, wenn er kaputt war, war er aber auch nicht besonders nachdrücklich, was das anging. Dennoch, ich mutete ihm möglichst wenig zu. Ich behielt die Leitung der Babyabteilung, der Haushaltsabteilung und der Beziehungsabteilung fest in meinen Händen und übernahm ungefragt auch die Leitung der Abteilung seiner Bedürfnisse. Gleichzeitig nahm ich es ihm übel, dass ich all diese Abteilungen leitete. Mit Sicherheit war ich geübter und somit effizienter in der Leitung von diesen Abteilungen, denn das war ja, was ich gelernt und seine Sozialisation nicht von ihm verlangt hatte. Aber oft erlaubte ich es ihm auch nicht, überhaupt nur den Versuch zu machen, eine der Abteilungen zu übernehmen. Weil ich befürchtete, dass es nicht funktionieren würde, und es nicht aushalten konnte, wenn er Dinge anders machte. Weil ich wollte, dass er es nicht schwer hatte, weil ich von ihm geliebt werden wollte. Und nicht zuletzt, weil ich für das Baby der wichtigste Mensch sein wollte, wichtiger als er. Auch wenn ich das nicht zugegeben hätte und als rückständig von mir gewiesen hätte, wollte ich in dem Department, das als genuin weiblich gilt, eine gute Performance abgeben. Vor dem Baby hätte ich es nicht für möglich gehalten, dass ich auf dieser Ebene einmal ansprechbar sein würde, dass ich mich also ernsthaft fragen würde, ob es okay sei, wenn ich, als das Baby ein halbes Jahr alt war, tagsüber für einige Stunden wegging, um an diesem Buch zu arbeiten. Ich hätte es nicht für möglich gehalten, dass es mir einmal schwerfallen könnte, das Baby nicht mehr zu stillen. Wenn das Baby weinte, ließ es sich immer und sofort dadurch beruhigen, und ich war immer und sofort zur Stelle. Ich dachte, ich würde dadurch auch meinem Freund helfen.

Aber mein Freund wollte das gar nicht. Er wollte es alleine schaffen, wurde aber ständig von diesen Brüsten besiegt. Denn ich, die immer frei und gleich sein wollte, ließ die beiden nicht gerne alleine.

Es war anstrengend, so zu sein. Es war anstrengend, mit einem Sensor durch die Wohnung zu laufen, der nach möglichen Bedürfnissen des Babys und meines Freundes fahndete, um diese erfüllen zu können, bevor sie ein Problem und die Harmonie gestört werden könnte. Es war anstrengend, eine Tür im Brustkorb zu haben, durch die die beiden bei mir ein- und ausgingen. Es gab da drinnen keinen Platz mehr, und ich war erschöpft und unzufrieden, und dann störte ich die Harmonie entweder selber und ungewollt, weil ich platzte. Oder ich rief eine Freundin an, der ich erzählte, wie ungerecht die Aufgaben zwischen mir und meinem Freund verteilt waren. Das war in Teilen richtig, aber es gab eben auch einen wichtigen Teil, zu dem ich es ihm sehr schwer machte, Verantwortung zu übernehmen. Als würde auch ich mich nicht von dieser alten, fremden Zeit verabschieden können.

Übermüdet, überfordert und in dem Glauben, für die gute Sache zu sterben, leitete ich also mit einem bitteren Lächeln unsere Familie, und wenn es ganz schlimm war, dachte ich, dass es vielleicht das Beste wäre, ohne meinen Freund weiterzumachen und möglicherweise auch weltweit und ganz grundsätzlich ohne Männer zu operieren.

Ich dachte nie lange so, denn ich war mit meiner Leitungsfunktion voll ausgelastet und hatte keine Zeit zu verlieren. Es gab viel zu tun, und ich erteilte meinem Freund Befehle in Militärsprache. Ich erteilte Befehle, um ihn auf seine Unzulänglichkeit hinzuweisen und meine Wut bei ihm abzustellen, und danach tat es mir leid, und ich versuchte, es wiedergutzumachen.

Meine Befehle erinnerten an den Ton, den nervige Eltern gegenüber ihren nervigen Kindern annehmen. Ich sprach mit ihm teilweise, als sei er ein Kind. Genauso antwortete er, und ihm blieb in angespannten Alltagssituationen, in denen die Dinge schnell gehen mussten, wahrscheinlich auch nicht viel anderes übrig. Er reagierte also ein bisschen trotzig und mit Unverständnis. Eher trotzig und mit immer mehr Unverständnis reagierte er auf mein zentrales Anliegen, ihm begreiflich zu machen, in welchem Land, in welchem Jahrzehnt ich gegenwärtig lebte. Dass auch ich daran einen Anteil hatte, weil ich ihn infantilisierte, indem ich ihm seine Verantwortung für das Baby immer wieder entriss und mitunter mit ihm sprach, als sei er ein Kind, verstand ich nicht, hätte ich nie für möglich gehalten.

Es war: erstaunlich. Denn wir saßen uns nicht mehr als Gleiche gegenüber, plötzlich war immer einer oben und einer unten. Er war unten, wenn ich subtil, aber eindeutig signalisierte, dass ich diejenige war, die unser Life regelte. Ich war unten, wenn ich mich wieder vertragen wollte. Und das war sie, die fremde, alte Zeit, von der wir mehr in uns hatten, als wir es ahnten. Das war die fremde Zeit, als sie mit dem Versuch zusammenstieß, dass es bei uns anders sein sollte.

Hier steht, wie es bei uns war. Die Frauen aus meinem Girlsclub sagten allesamt, dass sie sich hätten auf den Kopf stellen können, die Verteilung zwischen ihnen und ihren Männern wäre gleich geblieben. Ich kann die Wirkungsweise dieser Versuche nicht beurteilen, ich konnte nur versuchen, in dem letzten Kapitel nicht recht zu haben.

Möglicherweise wirkt es dadurch, als wolle ich mich auf typische Frauenweise dafür entschuldigen, auf Ungerechtigkeiten hingewiesen zu haben, als wolle ich sie relativieren. Ich halte das für denkbar, konnte aber der Wahrheit, unserer Wahrheit, nicht näherkommen als beschrieben.

12

Die letzten Seiten lesen sich, als sei alles nur entsetzlich gewesen. Das war es nicht. Das Baby war nicht entsetzlich. Ich liebte es, wie ich zuvor noch nie jemanden geliebt hatte. Aber das Leben, das ich damals führte, liebte ich überhaupt nicht.

13

Wenn ich mit dem Baby rausging und an den Jungs aus meiner Gegend vorbeilief, die breitbeinig ihre Füße auf die Erde stellten, die spuckten und rauchten, die »Ich fick dich, du Hurensohn« riefen, als ginge es darum, dieser Welt, die sich nicht für sie interessierte, endlich klarzumachen, dass sie da waren und blieben und dass es daran keinen, nicht den kleinsten Zweifel gebe, dachte ich oft daran, dass sie mal klein gewesen waren. Säuglinge, die von ihren Müttern gestillt, gewiegt und getröstet worden waren, bis sie groß genug waren, um zu gehen und all das, was in den Bereich der Frauen fällt (Trost, Sorge und Nahrung), zumindest in der öffentlichen Sphäre von sich zu weisen und Frauen gering zu schätzen oder gar zu verachten. Und dennoch, dachte ich, würden es immer Frauen sein, an die sie sich wendeten, wenn es um emotionale Belange (Trost, Sorge, Nahrung) geht, hinter verschlossenen Türen versteht sich, und die Frauen würden es ihnen nicht verwehren, weil diese Hinwendung ihre Form der Anerkennung war, vielleicht die einzige, und das, dachte ich weiter, ist wohl ein Hinweis darauf, dass es nicht besonders paradox ist, wenn Frauen Machos erziehen, von denen sie später verachtet werden.

14

Einmal saß ich mit dem Baby in der Badewanne und hörte
von draußen den Mann auf seinem Balkon schreien. Während ich dem Baby, das inzwischen schon ein etwas größeres Baby war, die Haare wusch, überlegte ich, wo ich mein
Telefon gelassen hatte, und beschloss, die Polizei zu rufen,
wenn der Mann nicht aufhörte zu brüllen. Das Baby sollte
gleich ins Bett, und ich befürchtete, dass es bei dem Geschrei nicht einschlafen würde. Als ich es einige Minuten
später hochhob und aus der Wanne stieg, waren die
Schreie verstummt. Aber ich hörte Geräusche an der Tür.
Ein Knacken und Kratzen. Ich hielt inne, es war still.
Dann wieder, ich hörte es deutlich, ein Knacken und Kratzen. Nein, ich bildete es mir nicht ein. Ich nahm das Baby.
Ich lief mit ihm durch die Wohnung, um mein Telefon zu
finden, in die Nähe der Wohnungstür traute ich mich
nicht. Ich versuchte viel Lärm zu machen, und fürchtete
gleichzeitig, dass ich dadurch überhören würde, wenn es
dem Mann, den ich auf der anderen Seite der Tür vermutete, gelungen wäre, die Tür aufzubrechen, um mich
und das Baby umzubringen. Weiter fragte ich mich, ob das
mit dem Lärm möglicherweise gar nicht so clever war,
denn wenn er uns umbringen wollte, würde er wohl nichts
dagegen haben, auf diese Weise zu erfahren, dass wir zu
Hause waren. Als ich das Telefon endlich unter dem Sofa
fand und es in den Händen hielt, hörte ich den Mann wie-

der von unten schreien. Erleichtert ging ich mit dem Baby zur Tür und sah durch den Spion. Da war nichts. Nur ein graues Treppenhaus mit aufgerissenem Maul. Ich brachte das Baby ins Bett und fragte mich währenddessen, ob ich Geräusche hörte, die nicht da waren. Es war jetzt ganz still.

15

Es gelang mir, meinem Freund dieses fremde Land, das er bisher nicht gekannt hatte, zu zeigen. Wir verstanden, wo wir herkamen und dass das nicht das Gleiche war. Dennoch, es gelang uns, dass wir wieder eine Vorstellung davon hatten, wo der andere war.

Die Gründe dafür sind, zuallererst, dass wir gut miteinander sprechen konnten. Dass er mich verstehen wollte, dass dies zu seinem Selbstverständnis gehörte, dass er, anders als drei (wirklich drei) der Männer der Frauen aus meinem Girlsclub, bereit war, zu einem Psychotherapeuten zu gehen, bevor es so kompliziert wurde, dass wir uns nicht mehr verstehen konnten. Zu den Gründen zählt außerdem und wesentlich, dass wir eine Putzfrau hatten. Und schließlich, dass irgendwann sechs Monate vorbei waren und ich regelmäßig für vier Stunden nach draußen gehen konnte, um zu arbeiten.

Wie ich bereits schrieb, hatte ich nicht geahnt, wie schwer mir das fallen würde. Ich hatte die Zeit alleine zu Hause mit dem Baby oft anstrengend und langweilig gefunden. Dennoch wirkte dieses kalte, hässliche Draußen, das unten auf der Straße wartete, dagegen feindlich, und wie so vieles hatte ich es nicht für möglich gehalten, dass die Kategorien drinnen und draußen, also privat und öffentlich, für mich jemals eine Rolle spielen würden beziehungsweise: dass ich einmal in ihnen leben würde. Dass ich mich vornehmlich in der privaten, häuslichen Sphäre aufhielt, die traditionell der Wirkungsbereich der Frau ist und die für Liebe, Altruismus und Gefühl steht, wo ich gewissermaßen als den Kapitalismus am Laufen haltender Ofen des geschafften Mannes fungierte, der nach draußen ging, um sich in der öffentlichen Sphäre durchzusetzen, die wiederum mit Rationalität, Nutzenmaximierung und Wettbewerb assoziiert wird. Ich meine, welche Zeit beschreibt der vorherige Satz – die Industrialisierung, die Zeit des Ersten oder Zweiten Weltkriegs, das Wirtschaftswunder? In jedem Fall klingt der Satz alt. Die meisten Frauen leben nach der Geburt eines Kindes in diesem Satz, und man muss ihn nicht notwendigerweise schlimm finden, man kann ihn sogar sehr schön finden, etwa wenn man weiß, dass man nicht für immer drinnenbleiben muss. Schon vor dem Baby hatte ich gewusst, dass ich dieses alte Land betreten würde, weil ich davon gelesen hatte. Aber ich hatte nicht geahnt, wie es sich anfühlen würde. Und für noch viel unwahrscheinlicher hatte ich es gehalten, dass ich einmal Schwierigkeiten damit haben würde, es wieder zu verlassen. Denn drinnen war es zwar unordentlich. Es war eng, es war niemals still, es war immer wieder die absolute War Zone. Aber es war warm, es roch gut, und das Baby lächelte. Das Baby begann, kleine Sachen zu lernen, und es war wertvoll, ihm dabei zuzusehen. Es war verlockend, diese merkwürdig suppenhaften Tage dort oben einfach weiter an sich vorbeiziehen zu lassen. Ohne den Zwang zu Schnelligkeit, Effektivität und Nutzen, ohne gegen Kälte und Boshaftigkeiten antreten zu müssen.

Vielleicht ist es das, was Bascha Mika meinte, als sie von den Frauen schrieb, die in die Komfortzone desertieren, und damit einen weiterhin sehr beliebten Vorwurf formulierte. Nun ist diese Zone nicht im Entferntesten komfortabel, sie ist das absolute Gegenteil davon. Vielmehr ist man mit einem Baby auf eine Weise durchlässig und verletzlich, die tatsächlich schlecht mit den genannten Eigenschaften der öffentlichen Sphäre zusammenpasst. Zumindest denkt man das, bevor man diese Sphäre wieder betritt. Man fühlt sich ihr nicht gewachsen, weil man sich nach so einer langen Zeit in Isolation und ohne Bestätigung aus der öffentlichen Welt einfach nicht mehr besonders viel zutraut. Und schließlich ist das Bild der guten Mutter auf eine Weise präsent und verinnerlicht, dass man zusätzlich mit einem schlechten Gewissen kämpft.

Am Anfang ging ich anders, wenn ich alleine draußen war. Vorsichtiger und als sei ich darauf gefasst, gleich darauf hingewiesen zu werden, dass ich hier falsch war. Ich ging und dachte an das Baby und dass ich nicht bei ihm war. Es fehlte mir. Dann erinnerte ich mich daran, wie sehr ich mich danach gesehnt hatte, alleine zu sein, einen Gedanken fertig zu denken und selber zu bestimmen, wann ich aufstand. Ich erinnerte mich außerdem daran, dass ich vor der Geburt Angst gehabt hatte, dass ich mich danach nicht mehr dafür interessieren würde, nach draußen zu gehen, um zu arbeiten.

Aber ich hatte keine Wahl, ich musste rausgehen, um Geld zu verdienen. Vielleicht wäre es anders gewesen, wenn mein Freund allein oder größtenteils unser Geld verdient hätte. Da ich aber wesentlich zu unserem Einkommen beitrug, bestand die Möglichkeit zu Hause zu bleiben nicht, und meine Arbeit hatte die gleiche Priorität wie seine. Bei den Frauen aus meinem Girlsclub war das anders, ihre Arbeit kam automatisch an zweiter Stelle, weil sie weniger verdienten als ihre Männer, weil das in Deutschland so ist. Die Frauen verdienen weniger, die Arbeit der Frauen kommt an zweiter Stelle, die Frage, wer sich kümmert, ist nach einem Jahr Elternzeit entschieden, und natürlich ändert sich diese Aufgabenverteilung nicht von selbst, nur weil ein Jahr vorbei ist. In meinem Fall war die Frage, ob und wie ich nach dem Baby zu meiner Arbeit kommen würde, schon vorher entschieden. Es war keine bewusste Entscheidung, es war einfach so. Rechnerisch ist diese Konstellation eher unwahrscheinlich. An manchen Tagen wäre ich aber sehr gerne irgendwohin desertiert, mit einem schlechten Gewissen, natürlich, denn die moderne Frau, die gute moderne Frau hat Kinder und behauptet sich trotzdem auf dem Arbeitsmarkt. Ich musste auf den Arbeitsmarkt gehen, also ging ich, ich ging mit einem schlechten Gewissen, natürlich, dieses Mal dem Baby gegenüber, und das war wahrscheinlich dieses viel beschriebene Dilemma von Frauen heute (das sich außerdem fantastisch veranschaulicht an der Koexistenz der inhaltlich komplett entgegengesetzten und beliebtesten Mütterdiffamierungen der Deserteurin und der – I am sorry, but I have to – »Rabenmutter«).

Wenn meine vier Stunden im Draußen dann fertig waren, beeilte ich mich nach Hause und lief aufgeregt die Treppen hoch, um endlich das Kind zu küssen. Und um nach etwa fünfundfünfzig Minuten auf die Uhr zu sehen und mich zu fragen, wie lange der Tag noch dauerte. Denn es war genauso hart, mit dem Baby zusammen zu sein, wie ohne es zu sein. Da ich nun diejenige war, die rausging, verstand ich, was es für meinen Freund bedeutet hatte, den Erfordernissen der öffentlichen Sphäre gerecht zu werden, ohne sich zu Hause ausruhen zu können, sondern dort im

Gegenteil extrem gefordert zu sein. Ich wusste, was er zu Hause leistete, während ich arbeiteten ging. Auch ihm gegenüber hatte ich aus diesem Grund ein schlechtes Gewissen, das heißt, der Glaube, dass es eigentlich meine Aufgabe sei, bei dem Baby zu sein, und nicht seine, saß weiterhin in meinem Kopf, und ich wurde ihn nicht los, ich wusste bis dahin ja nicht einmal, dass ich ihn gehabt hatte. Aber während ich mit schlechtem Gewissen irgendwo saß und arbeitete, verstand mein Freund, was ich geleistet hatte, als ich es gewesen war, die sich hauptberuflich um das Baby gekümmert hatte. Wir verstanden beide, dass es Dinge gab, die wir anders machten. Wir vergaßen das alles auch wieder regelmäßig und ziemlich schnell, dennoch es half, dass wir die Aufgaben tauschten.

Außerdem half die Therapeutin. Ich fand es nicht schlimm, mit meinem Freund zu ihr zu gehen, ich hätte es im Gegenteil komplett größenwahnsinnig gefunden, es nicht zu tun. Alle der Frauen aus meinem Girlsclub wären gerne mit ihren Männern zu einem Therapeuten (oder Coach, Mediator, was auch immer) gegangen. Aber ihre Männer waren dagegen gewesen, sie sagten, dass sie das nicht brauchten. Vielleicht, weil es ihnen schwerfiel einzugestehen, dass nicht alles perfekt lief, und sie keine Lust hatten, da so oft auf Stühlen rumzusitzen und von ihrem Innenleben zu erzählen. Weil es als unmännlich gilt, sich verletzlich zu zeigen.

Wir saßen da dann häufiger, und wir erzählten viel. Natürlich waren wir beide der Überzeugung, jeweils im Recht zu sein. Beide dachten wir, dass wir extrem viel leisteten, ohne dafür anerkannt zu werden, auch nachdem mein Freund der war, der zu Hause war, dachten wir so. Beide dachten wir, dass unser Leben härter war als das des anderen, was insofern nicht schlecht war, als wir so eine Vorstellung davon bekamen, wie sich der andere fühlte, und das war ein Ausgangspunkt. Ich kann nicht sagen, was die Zutaten dafür waren, dass wir einander verstanden. Die Therapeutin, unser Wille, Großzügigkeit vielleicht. Jedenfalls verstand mein Freund mein An-Sachen-denken-Thema, ich, dass ich es ihm sehr schwer machte, Verantwortung zu übernehmen. Ich verstand, dass er sich stark unter Druck setzte, darüber aber nicht sprach, er, dass ich das Gefühl hatte, mit der Verantwortung alleine zu sein, wenn er nicht mit mir sprach. Wir verstanden, dass wir neben unseren geschlechtsspezifischen Differenzen unter den gleichen Problemen litten, dem Druck, dem Mangel an allem, dem Mangel an Anerkennung, Zeit, Geld.

Einmal fragte ich die sehr kluge Therapeutin, wie wir denn eigentlich diese Sache mit der fucking Gleichheit in dieser heterosexuellen Paarbeziehung in den Griff bekommen könnten, und da sagte sie, das wisse sie auch nicht.

Sie sagte: »Entscheidend ist doch, dass man das Gefühl hat, der andere gibt, was er kann. Manchmal kann nicht jeder das Gleiche.«

Ich: »Männer müssen ja auch nicht das Gleiche können wie Frauen, die bekommen das einfach nicht beigebracht.«

Sie: »Das stimmt.«

Ich dachte daran, dass ich bei uns diejenige war, die sich mehr für Sauberkeit und Ordnung zuständig fühlte als er, dass ich die war, die daran dachte, wann die nächste Untersuchung für das Baby anstand. Er fuhr Auto, weil ich davor Angst hatte. Er reparierte, er schleppte, er baute, er kochte. Ich dachte, dass wir uns zumindest in diesen Punkten absolut klassisch aufgeteilt hatten und dass ich mir, wenn ich neben ihm im Auto saß, regelmäßig komplett idiotisch vorkam, weil ich mich unselbstständig fühlte. Ebenso wäre ich niemals auf die Idee gekommen, irgendwelche Nägel in die Wand zu hauen, weil ich mich damit nicht beschäftigen wollte. Er konnte das besser. Natürlich, ich hätte es gekonnt, wenn ich gewollt hätte, genau wie Männer an Kinderuntersuchungen denken können, wenn sie es wollen. Ich hätte auch das mit dem Autofahren schaffen können. Ich versuchte es nicht, weil es anders angenehmer war und weil es ging. War das falsch? »Falsch« ist dafür die falsche Kategorie, und man muss nicht lange überlegen, um auf diesen Gedanken zu kommen. Dennoch, ich befürchtete gelegentlich, dass ich an der Stelle etwas falsch machte. Denn ja, indem ich mich immer wieder gegen das Auto und die Nägel entschied, verlängerte ich patriarchale Strukturen, wie mir die feministischen Bücher aus dem Regal meiner Mutter immer wieder zuflüsterten. Andererseits: Was für eine schreckliche, mit dem Lineal vermessene und insofern total beschränkte Veranstaltung wäre mein Leben, wäre unser Leben, wenn ich ihm (dem life) von morgens bis abends mit dieser Strenge und Unerbittlichkeit hinterherrennen würde.

Die Therapeutin sagte: »Es ist auch nicht hilfreich, sich einem neuen Dogma, dem Gleichheitsdogma, zu unterwerfen. Sie müssen gucken, was jeder kann. Sie müssen reden und es immer weiter probieren.«

Dieser Satz ist vor allem richtig, wenn man einen Alltag besiegen muss, für den man viel zu müde ist, genauso wie man häufig zu müde ist für grundsätzliche Diskussionen über feministische Standards. Das geht echt eher selten, denn das Kind muss essen, und die Eltern dürfen sich eben einfach nicht gegenseitig umbringen. Das Rollenproblem und die Ungerechtigkeiten sind mit dem Gucken-was-jeder-kann-Tipp selbstverständlich nicht gelöst, aber die Therapeutin wäre mir auch sofort suspekt gewesen, wenn sie gesagt hätte, dass sie die Lösung kennt. Ich glaube, es gibt keine Lösung. Keine, die man aufschreiben und nachmachen könnte. Es läuft hinaus auf: Reden, probieren und wieder reden. Manchmal, wenn es gut lief, war ich sehr stolz auf uns. Und dann lief es wieder schlecht, und wir redeten und probierten und redeten von vorne.

Außerdem hatten wir eine Putzfrau. Mir war bewusst, dass auch sie einen festen Platz in unserer superklassischen Problemkonstellation hatte, die von Feministinnen wie Laurie Penny immer wieder kritisiert wird. Nämlich dass die Hausarbeit, an deren gerechter Verteilung Frauen und Männer scheitern, weil die Männer sich nicht davon überzeugen lassen, sie zu gleichen Teilen zu übernehmen, an Frauen abgegeben wird, die noch hilfloser sind als die Frauen gegenüber ihren haushaltsunwilligen Männern. Ihre Männer kümmern sich nicht darum, also müssen sie sich darum kümmern. Weil sie nicht in einer dreckigen Wohnung wohnen wollen, was die meisten Männer sicher auch nicht wollen, aber sie machen eben häufig die Erfahrung, dass sich die Frauen vor ihnen darum kümmern. Vermutlich fällt der Zustand der Wohnung auch deswegen weiterhin zuerst in den Zuständigkeitsbereich der Frauen, weil sie es sind, die man komisch findet, wenn die Wohnung nicht sauber ist. Auch diese Konstellation ist Ausdruck eines emotionalen Machtgefälles, an dessen oberem Ende der Mann steht. Er steht oben, weil er sich nicht zuständig fühlt und es nicht von ihm erwartet wird, dass er sich zuständig fühlt. Der emotionale Druck, den der Anspruch einer sauberen Wohnung mit sich bringt, liegt somit auf der Frau. Sie wird in den Bereich geschickt, in dem die Putzsachen stehen, und das heißt nicht nur, dass sie es ist, die putzt, es bedeutet auch, dass sie es ist, die über das so gering geschätzte Putzen reden muss, sofern sie will, dass sie es nicht weiter und für immer alleine macht. Das bedeutet weiter, dass sie gezwungen ist, über vermeintlich unwichtige, langweilige Scheiße zu reden. Häufig entgegnen Männer Frauen, die darüber schimpfen, dass die Männer nicht putzten, dass die Frauen sich nicht über solche Kleinigkeiten aufregen sollten. Die Frauen befassen sich demnach mit Kleinigkeiten, und vielleicht besteht da ein Zusammenhang zu der Idee, dass es die Männer sind, die zu wirklich Großem imstande sind, vielleicht fand Marcel Reich-Ranicki ja auch aus diesem Grund, dass Frauen keine guten Romane schreiben.

Der Mann stand und steht also bis heute am oberen Ende eines Machtgefälles, er steht dort oben, während die an ihrem Mann verzweifelnde Frau und Mutter des gemeinsamen Kindes nun nach einigen Jahrhunderten ebenfalls Vollzeit arbeitet, weil sie es will, weil ein Job nicht mehr reicht, um eine Familie zu ernähren, oder beides. Diese Frau ist durch die sogenannte Doppelbelastung relativ erschöpft. Und sie wünscht sich eben diese gleichberechtigte Beziehung, von der alle schreiben. Aber sie ist zu kaputt, um mit ihrem Mann darüber zu streiten, sie kann Streit nicht ertragen, und Streit wäre ja auch schlecht für die Beziehung. Die Frau kümmert sich also um eine Putzfrau, klassischerweise aus Osteuropa, die ihr für etwa neun bis zwölf Euro die Stunde den Haushalt erledigt und das Gefühl vermittelt, dass es zumindest zwischen ihr und ihrem Mann fair zugehe.

Die Frau, die bei uns putzte, kam auch aus Osteuropa. Sie hatte dort Biologie studiert, aber zu wenig Geld, verdient. Sie putzte lieber in Deutschland und hatte Geld, als in ihrem Herkunftsland Biologie zu unterrichten und sich nichts leisten zu können. Ihre Mutter putzte ebenfalls. Sie hatte lange vor ihrer Tochter damit angefangen, um ihrer Familie Geld schicken zu können.

Viele Frauen aus Osteuropa machen das so, und es sind überwiegend Frauen, die kommen, um zu putzen. Häufig schwarz, also ohne jeden Versicherungsschutz, ohne Recht auf Urlaub, Mutterschutz, Krankengeld. Sie putzen bei vergleichsweise wohlhabenden Familien in Deutschland mit berufstätiger Mutter, die keine Zeit mehr hat, zu Hause zu putzen, weil sie arbeitet. Die beruflich putzende Frau ersetzt also die sonst wie berufstätige, aber eben nicht putzende Frau in Deutschland. Die beruflich putzende Frau wiederum übergibt die zu Hause durch ihre Abwesenheit entstandene Lücke an eine andere Frau, die dort für den Haushalt sorgt. Dass die gut ausgebildete, beruflich erfolgreiche Mittelstandsfrau das Gefühl haben kann, sie lebe in einer fairen Paarbeziehung, bezahlt also vor allem die putzende Frau aus Osteuropa. Klar ist, dass es die Frauen sind, die putzen, klar ist außerdem, dass unter ihnen gewinnt, wer privilegierter ist. Gegenwärtig werfen sich das vor allem Frauen gegenseitig vor. Dabei müsste man sich mindestens genauso dringend mit den Männern der Frauen unterhalten und mit der – überwiegend von Männern gemachten – deutschen Unternehmenskultur. Wenn Frauen und Männer weniger arbeiten müssten, wenn die komplett absurde Vorstellung überwunden werden würde, dass man im Büro anwesend sein muss, um gute Ergebnisse zu liefern, dann hätten Männer und Frauen auch mehr Zeit dafür, selber zu putzen. Eine völlig andere Frage ist, ob sie das auch wollen.

Die Frau, die bei uns putzte, sorgte dafür, dass mein Freund und ich weniger Anlässe hatten, um uns übereinander aufzuregen. Es war das Beste, nach Hause zu kommen, und alles war sauber. Für einen kurzen Moment konnte ich das Gefühl haben, dass alles in Ordnung sei.

Ich mochte die Frau. Sie war so alt wie ich und ziemlich schlau, sie hatte eben nur insofern Pech gehabt, als sie nicht in Deutschland in den Mittelstand geboren worden war, und deswegen putzte sie bei uns. Mein Freund und ich vermieden es, zu Hause zu sein, wenn sie kam. Sie hatte mir erzählt, dass sie putzen nicht mochte. Sie schätzte es genauso gering, wie es allgemein gering geschätzt wurde. Wenn wir uns sahen, sprachen wir über Kosmetikprodukte, das Baby, manchmal Bücher. Ich bot ihr meine Hilfe an, wenn es um Behörden und schriftliche Korrespondenzen ging, ich war freundlich zu ihr. Ich tat, als gebe es keinen Unterschied zwischen uns, und sie wirkte, als spreche sie gerne mit mir. Trotzdem, stellenweise war das alles ziemlich ekelhaft. Dieses schlechte Gewissen, dass ich ihr auflud, indem ich mich zuvorkommend zeigte, damit sie mich entschuldigte. Nicht nur, dass sie für mich putzte, sie sollte auch noch mein Gewissen erleichtern. Als ich ihr am Weltfrauentag mitteilte, dass wir ihre Stundenzahl aus finanziellen Gründen verringern müssten, wirkte sie besorgt. Was wäre gewesen, wenn wir ihr gesagt hätten, dass sie gar nicht mehr kommen sollte, weil wir uns dazu entschieden hatten, gute Menschen zu werden? Natürlich, sie hätte bei jemand anderem angefangen. Wenn man die Frage allerdings grundsätzlich betrachten will und also davon ausgeht, dass das Ziel ist, dass Menschen keine Putzfrauen mehr beschäftigen, kommt man ziemlich schnell bei der mindestens genauso grundsätzlichen Frage an, warum es ärmere und reichere Länder gibt. Warum es Klassenunterschiede überhaupt gibt. Sicher ist, dass sie zum Kapitalismus gehören, genau wie der Wunsch, Armut zu überwinden. Insofern wäre wohl die erste gute Idee, auf die man in diesem Zusammenhang kommen kann, eine angemessene Bezahlung, eine die wirklich wichtige Tätigkeit des Putzens wertschätzende Bezahlung in einem geregelten Arbeitsverhältnis mit Versicherungsschutz, Urlaubsanspruch und so weiter. Die Frau, die bei uns putzte, sagte, dass sie zwar nicht putzen wolle, dass sie aber das Putzen der Armut zu Hause vorziehe. Hätte ich ihr sagen sollen, dass sie bitte zurückgehen solle, um wieder Biologie zu unterrichten, weil mir das viel besser gefiel, und dass sie sich in allen weiteren Fragen an die EU, die Globalisierung oder gleich die ganze Welt wenden solle, damit ich nicht mehr dieses Problem mit meinem Gewissen gehabt hätte? Und warum geht es hier überhaupt so viel um mich? Wahrscheinlich weil es bei der Debatte, ob es okay ist, eine Putzfrau zu beschäftigen, nicht zuletzt um die geht, die sie führen und wie sie sich selber gerne sehen wollen.

Ich fand mein linkes schlechtes Gewissen (von dem ich bisher gar nichts gewusst hatte) ähnlich widerlich wie die Tatsache, dass die Frau bei uns putzte, weil sie mit ihrer Herkunft Pech gehabt hatte. Ich fand es vermessen, dass ich die gleichen Privilegien für die Frau, die bei uns putzte, wollte, nur weil es für mich angenehmer wäre. Angenehm, das wäre in meiner Welt: Alle haben einen würdevollen Job, der sie erfüllt, alle verdienen ausreichend Geld und sind selbstbestimmte, freie Menschen. Aber verwirklichen sich alle Menschen selbst, wollen sich alle Menschen selbst verwirklichen und: können es alle Menschen?

Das Ideal der Selbstverwirklichung ist vor allem die Idee desjenigen Menschen, für den Selbstverwirklichung alles ist. Es ist die Idee eines sehr begrenzten, privilegierten sozialen Milieus, dessen Existenz Merkmal einer wohlhabenden, entwickelten Gesellschaft ist. Zwischen dieser Idee und einem fairen Arbeitsverhältnis ist eine Menge Platz, und insofern bedeutet mein Selbstverwirklichungseinwand nicht, dass man die Putzfrauen weiter zu unseren Füßen knien lassen soll, weil sie es möglicherweise gar nicht anders wollen. Nein, man muss sie gut bezahlen und ihre Jobs anmelden, was so selbstverständlich ist, dass es beinahe selbstgefällig wirkt, es zu erwähnen. Ich will mit diesem Einwand darauf hinaus, dass es borniert und anmaßend ist, denen, die schlechter dran sind als man selbst, sagen zu wollen, welches Leben für sie das richtige wäre. Es ist verlogen, so zu tun, als könne das Ideal der Selbstverwirklichung für jeden wahr werden, nur weil man die Existenz sozialer Unterschiede so ungern sieht.

Sicher, man könnte sich die deutschen, die europäischen Verhältnisse vom Leib halten, indem man sich von seiner Putzfrau verabschiedete. Die Rechnung würde insofern aufgehen, als Putzfrauen wahrscheinlich die einzigen Menschen sind, die ihren Beruf nicht als Berufung, sondern ausschließlich als Money-Job betrachten, mit denen das akademische, an der eigenen Selbstverwirklichung interessierte Milieu mehr als zwei Sätze spricht. Menschen, die bei der Müllabfuhr arbeiten, bei der Stadtreinigung oder am Fließband, finden ihre Jobs wahrscheinlich auch nicht besonders erfüllend. Aber man muss ihren Anblick auch viel seltener aushalten, man kann leichter vergessen, dass es sie gibt und dass sie einem das Leben leichter machen. Man kann vergessen, dass man Teil eines exklusiven, teilweise elitären Milieus ist, das darauf angewiesen ist, dass es Menschen gibt, die Arbeiten erledigen, die keiner machen will. Man kann vergessen, dass man auf die Existenz von sozialen Unterschieden angewiesen ist.

Die Frau, die bei uns putzte, hatte den Plan, irgendwann in Deutschland zu studieren, finanzieren wollte sie das Studium durch ihre Arbeit als Putzfrau. Es besteht also zumindest die Möglichkeit, dass sie anders aus den Verhältnissen hervorgeht, als sie hineingegangen ist. Wenn sie es nicht schafft, schaffen es vielleicht ihre Kinder. Die Umstände bleiben ungerecht und ekelhaft, aber vielleicht hat sie eine Chance. Eine gemeine Chance, für die man sich nicht auf die Schulter klopfen kann, die betreffend man sie aber auch nicht bevormunden darf.

Will man hingegen den Kampf der Geschlechtergerechtigkeit beschleunigen, muss man auf eine Putzfrau verzichten. Und die gegenwärtig praktizierte Kultur der Arbeit besiegen.

Weder mein Freund noch ich hatten dafür in diesem ersten Jahr mit Baby Kapazitäten. Aber wir blieben zusammen.

16

Vor dem Baby verwandte ich das Wort »gleich«, um das Verhältnis zu beschreiben, das ich mir zwischen Männern und Frauen wünschte. Gleichheit ist ein diffuser Begriff, der durch seine Ungenauigkeit verrät, dass diejenigen, die ihn verwenden, entweder nicht allzu viel über ihn nachgedacht haben, oder dass es grundsätzlich schwer ist zu bestimmen, was dieser Begriff eigentlich bedeuten soll. Ich musste darüber immer wieder von Neuem nachdenken und gebrauchte dabei ebenfalls diffuse Begriffe wie Gerechtigkeit, Augenhöhe, Offenheit, Ehrlichkeit. Ich wollte nie mit mir zusammen sein, nie mit jemandem, der genauso ist wie ich, sondern mit meinem Freund. Und ich fragte mich, ob die Bezeichnung »gleich« nicht komplett irreführend war. Er konnte schwere Sachen in den vierten Stock tragen, ich ein Baby zur Welt bringen. Er hatte gelernt, ein Mann zu sein, der abliefert und nicht klagt, ich eine Frau, die sich kümmert. Wenn mit »gleich« gemeint war, dass unsere Bedürfnisse, Gedanken und Ängste gleichwertig waren und die gleiche Priorität besaßen, verstand ich den Begriff. Aber das funktionierte nur, wenn man anerkannte, dass wir aus komplizierten Gründen nicht gleich waren und dass es uns unterschiedlich schwerfiel, bestimmte Dinge zu tun. Unsere Gedanken, Gefühle und Bedürfnisse konnten nur gleichwertig sein, wenn wir unsere Unterschiede fair behandelten. Und das ging nur, wenn wir zugaben, dass sie da waren. Ich kam schließlich zu dem Ergebnis, dass die zentrale Kategorie für mich nicht Gleichheit, sondern Fairness ist. Fairness, deren Voraussetzung Respekt ist. Respekt davor, wer der andere ist und was er tut, das heißt vor allem sehen, wer der andere ist und was er tut. Und das klingt nun alles etwas leer und auswendiggelernt, aber tatsächlich ist dieser Respekt jener Begriff, vor dem ich am Ende (nach jedem Ärger, jedem Streit, jedem Nachdenken darüber) immer wieder mit leeren Händen saß und einsichtig mit dem Kopf nickte.

17

Es war kalt. Draußen und drinnen war es einsam. Denn es war nicht leicht, rauszugehen. Es war das Gegenteil von angenehm. Wegen des Mannes in unserem Haus, wegen der vielen Stufen, weil man den Kinderwagen in unserem Haus nicht stehen lassen konnte. Und weil draußen kein Ort war, an dem ich sein wollte. Die meisten unserer Freunde wohnten zentraler oder in anderen Städten. Die meisten meiner Freunde hatten keine Kinder und keine Zeit. Sie taten das Gleiche, das ich vorher getan hatte, und das war viel arbeiten.

Und so musste ich, musste mein Freund täglich in diese einsame und für uns beide neue Schlacht ziehen, in der Regel alleine, denn wir wechselten uns ab. Es war eine Schlacht gegen die Stunden, vor allem aber gegen die Welt der Dinge. Ich hatte für diese Welt bisher nichts übrig gehabt. Nun aber mussten Dinge funktionieren. Sie mussten angeschafft und aufgebaut werden, sie mussten bedient werden, sie mussten verschlossen und transportiert werden, und manchmal dachte ich, es sei alles ihre Schuld. Die Dinge hatten die Herrschaft übernommen über unsere Zimmer, die Wohnung, über uns. Und sie zeigten uns, dass man machtlos war, dass man an so einem Tag wieder und wieder verlieren konnte, wenn die Dinge nicht funktionierten. Denn man konnte diesen Tag nicht verlassen, man musste drinnen bleiben.

Ein Kindersitz muss verschlossen werden, er muss mit dem Anschnallgurt auf komplizierte Weise fixiert werden, und man muss sich damit beschäftigen. Ein Kinderwagen besteht aus drei bis fünfundzwanzig Teilen, und auch da muss man verstehen, wie man ihn auf- und wieder abbaut. Eine Babytrage wird komplex an- und ausgezogen. Man muss das lernen. Man muss allgemein lernen, wie Dinge befestigt werden. Man kann Dinge durch Klick-, Klett-, Schraub-, Steck- und alle möglichen anderen Mechanismen verschließen. Aber allgemein sind die Dinge stur und störrisch, sie sperren sich dagegen, zu funktionieren, sie gehen entweder nicht auf oder sie gehen nicht zu, oder sie verheddern und verhaken sich in anderen Dingen. Wenn man Pech hat, dachte ich, während ich Einkaufstüten und das Baby in den vierten Stock trug, sind doch immer die Dinge Schuld. Die Dinge und die Menschen sind nicht füreinander gemacht, die Dinge und die Menschen können nicht gut zusammenarbeiten. Die Menschen sind zu blöd für die Dinge und umgekehrt, denn es waren ja die Menschen, die sich die Dinge ausgedacht haben. Aus komplexen Gründen, die mit den Dingen und den Menschen zu tun haben, funktioniert der Aufzug nicht, der mich und das Baby zur U-Bahn transportieren soll. Dem Baby wird langweilig, das Baby weint, die Menschen hassen uns und fragen sich, warum ich dieses Baby-Dings nicht beruhige. Wenn die Menschen einen Fehler beim Bedienen der Dinge machen, dachte ich, bricht die ganze Welt zusammen. Die Dinge sind das Problem, dachte ich, während ich schwitzte. Und der Körper. Der Körper, wie er versucht, die Dinge zu bedienen, und dabei immer dieser schwächelnde Witz bleibt. Der Körper, wie er versucht, die Dinge zu bezwingen, eine Treppe etwa. Der Körper muss immer den ganzen Weg zurücklegen, wenn er an einen Ort gelangen will. Ich fand, dass das eigentlich überhaupt nicht sein konnte, wenn ich doch Highspeed-Internet bezog, und natürlich wusste ich, dass so nur denken kann, wer jung ist und einen Körper hat, der macht, was er will. Einen Körper, der sich nie auf unangenehme Weise bemerkbar gemacht hat. Im Streit mit der Materie machte er sich bemerkbar, und ich stritt mich viel. Mit Stufen, Ecken, Schlössern, Aufzügen, Steckdosenschutzkappen und dem Kinderwagen. Die Dinge sind das Problem, dachte ich dann, der Körper, der sich an den Dingen verletzt, und zuletzt der Kopf, der mit den Dingen nicht klarkommt. Der Körper und der Kopf sind das Problem, weil sie die Dinge nicht mehr gewöhnt sind, weil der Kopf sie von sich ferngehalten hat. Weil es angenehmer für den Kopf ist, weil der Kopf sich nicht mit Kleinigkeiten beschäftigen will, weil sich der Kopf der Illusion hingeben will, man könne nur Kopf sein und müsse nie wieder kochen. Aber das geht nur so lange, wie man ein Einzelmensch ist, der in der Ich-Zeit wohnt. Hat man einen Menschen, für den man sorgen muss, prallt man auf die eckige Welt der Dinge (und wenn man kein Geld hat, ist diese Welt der Dinge noch viel härter, weil man niemanden dafür bezahlen kann, Dinge für einen zu erledigen, beziehungsweise nicht in der Lage ist, teure Dinge anzuschaffen, die es einem leichter machen). Man hat einen kleinen Menschen und ist sofort auf Dinge angewiesen.

All diese Dinge, die für das Baby gebraucht und nahezu täglich massenhaft von uns angeschafft wurden (teils aus Langeweile und weil man überall dort, wo man mit dem Baby hinkonnte, etwas kaufen musste, teils, weil es unabdingbar war). Sie mussten nicht nur beschafft, sie mussten auch ausgepackt werden, die Verpackung musste irgendwohin, die zunehmende Menge an Müll musste also zerlegt, sortiert und entsorgt werden. Die angeschafften Dinge mussten systematisiert und einsortiert werden. Machte man bei der Systematik einen Fehler, war man, was das anging, irgendwie schlampig, hatte man wieder ganz schnell ein Problem mit den Dingen, die man nicht wiederfand, die einem aus dem Regal entgegenfielen, die einen augenlos anstarrten, gleichgültig und dennoch gemein. War man auf die Dinge angewiesen, brauchte man eine Wohnung, die für die Dinge angelegt war. Eine solche Wohnung ist nicht klein, sondern groß, und der Ort, wo man die Dinge hinräumt, der sogenannte Stauraum, ist ebenfalls groß. Er ist vielleicht nicht unbedingt schön, sondern was man praktisch nennt. Er ist still und funktioniert, man ist ihm dankbar, selbst wenn man neuerdings zu Vokabeln wie Stauraum gezwungen wird, bei deren Gebrauch man das Gefühl hat, man erniedrige sich selbst.

Abends, wenn die Schlacht vorbei war, lagen die Dinge in der gesamten Wohnung verstreut, laut und dennoch schweigsam. Dann begann ich, ihnen sofort begeistert hinterherzurennen und die Zimmer wieder einzurichten, als gehorchten sie mir.

Begann ein neuer Tag und ich ging mit dem Baby raus, ging ich immer zu den gleichen Orten: Apotheke, Drogeriemarkt, Supermarkt, Spielplatz, alles in einem Radius von etwa achthundert Metern. Denn ich wollte schnell wieder zu Hause sein können, das Baby wurde immer schwerer, und ich musste es tragen. Ich kannte in meiner Gegend keine andere Mutter und erst recht keinen Vater, weswegen ich fast immer alleine unterwegs war. Und so durchlief ich wieder und wieder diese Straßen. Vorbei an den rotzenden, rauchenden, teilweise komplett zerfleddert aussehenden Menschen, dem Gegröle. Husten, schreien. Offene Haut, rote Haut. Morsche Zähne, gelbe Finger. Menschen so betrunken, dass sie sich mitten auf die Straße legten. Menschen, die über Ostdeutsche schimpften, über Ausländer und Schwule.

Die sind asozial, und ich bin Mutter, dachte ich. Sie und ich, wir arbeiten nicht, wir nehmen nicht teil. Man sieht uns nicht, und seit Kurzem gehören wir auf irgendeine merkwürdige Weise zueinander. Wir quälten uns neben-einander durch die Vormittage in diesen fiesen Straßen, die jenseits der Grenze verliefen. Vielleicht sah ich nur das Schlechte, weil ich, was das betraf, empfindlich geworden war. Jedenfalls hasste ich das Kaputte an manchen dieser Vormittage, ich hasste es und ekelte mich. Benehmt euch, wollte ich dann die zerfledderten Menschen anschreien, reißt euch zusammen, seid nicht so asozial. Schleudert mir euren Dreck nicht ins Gesicht, ich sehe und verstehe auch so, dass es euch beschissen geht. Ich weiß, mit welchen Relativierungen ich die letzten Sätze versehen müsste, um dafür nicht auseinandergenommen zu werden, und tat-sächlich erschrak ich mich vor mir. Denn ich war doch vor Jahren auch an diesen Ort gekommen, weil ich es damals, na ja, interessanter gefunden hatte. Weil ich dachte, dass dort das Leben nicht so ausgedacht wäre und nach etwas schmeckte.

Es schmeckte nach Bratfett, Rauch, Alkohol, Schweiß, zu viel Haarspray, zu viel Parfum, es roch billig und dreckig, und ich hatte nichts, gar nichts mehr für die Ro-mantisierung dieses Geruchs übrig. Vor dem Baby hätte ich meinem Kopf niemals erlaubt, diese offene Arroganz zu denken, sofort hätte ich ihn mit den natürlich komplett richtigen Hinweisen auf soziale Herkunft und Chancenungleichheit ausgeschaltet. Nun aber war ich beteiligt, ich war angreifbar, und bedeutete das nicht das Gegenteil von Überheblichkeit? Zumindest bedeutete es, dass wir, dass die und ich uns einander irgendwie begegneten und es mir nicht egal war, was die Menschen machten. Es war mir nicht auf diese automatische Weise egal, mit der man erklärt, dass es einem nicht egal ist, wie es armen, sozial schwachen Menschen geht, weil man geübt darin ist, sich auf diese Weise zu gefallen. Es war mir wirklich nicht egal, denn es betraf mich, und das ist keine Leistung, ich war ganz einfach unter Druck geraten.

An einer Kreuzung, an der ich vorbeimusste, standen Junkies, Obdachlose, Betrunkene und manchmal die Polizei. Wenn ich jenen Abschnitt der Kreuzung passierte, an dem sie standen, hielt ich den Körper des Babys fest und legte meine Hände um seinen Kopf. Ich wollte nicht, dass es dort war. Ich wollte, dass alles gut war. Doch es war nicht gut, und ich war wütend auf die Menschen und wie sie dort standen. In angegriffenen Körpern, mit ausgeleierten Kleidern und Worten, die sie lallten und brüllten und die irgendwo unter den Reifen der vorbeifahrenden Autos landeten und verstummten, bis wieder einer brüllte oder eine Bierflasche zerbrach. Ich verstand das Gefühl, keinen Unterschied zu machen, in dieser Zeit gut und stellte mir vor, dass sie sich dazu entschieden hatten, wenigstens diese Kreuzung zu beherrschen und sich die Freiheit, vielleicht die letzte, zu nehmen, abstoßend zu sein, um den Menschen, die glaubten, sie könnten in diesem Leben irgendetwas ausrichten, vor Augen zu führen, dass es keinen, überhaupt keinen Sinn hatte. Darin lag ihre Provokation, und ich nahm sie an, denn für mich machten die Dinge, seit das Baby da war, einen Unterschied, ich hing von dieser Welt ab. Natürlich, ich hatte zu wenig geschlafen, der Mann aus unserem Haus machte mir Angst, und ich war ganz grundsätzlich auf der Suche nach einem Schuldigen. Aber wahrscheinlich kam mein Hass auch daher, dass die Menschen an der Kreuzung meinen Glauben an das Leben angriffen und sogar ziemlich glaubhaft widerlegten.

Ich habe davon geschrieben, dass einige Menschen auf die Komplexität und Diversität der Gegenwart mit Hass reagieren. Sie werden Montagsdemonstranten und nennen sich Reichsbürger, oder sie wollen Frauen anzeigen, die nicht stillen, oder sie glauben, dass Impfen irgendein Verschwörungsding ist. Sie hassen das Weiche und Schwache, sie hassen Schwule und Frauen, die nicht sind, wie Frauen in ihrer Welt sein sollten, sie hassen das Jüdische und das Fremde, sie hassen Banken, den Kapitalismus und Reiche, sie hassen die Mächtigen, weil sie sich von ihnen betrogen fühlen, und sie haben einen speziellen Hass auf ein bestimmtes Milieu, das bestimmte Machtpositionen besetzt (Politiker, Journalisten, mich zum Beispiel) und das auf der Seite der Homosexuellen, der sogenannten Flüchtlinge und der EU steht. Ein eher linkes, sozialliberales Milieu, könnte man sagen, das viel mit seinem schlechten Gewissen zu tun hat. Die Menschen, die hassen, hassen, weil sie unsicher sind, weil sie wollen, dass die Dinge klar und sauber sind und vor allem: weil sie das Bild, das sie sich von der Welt gemacht haben, nicht gefährdet sehen wollen.

Lief ich nun über die Kreuzung, begann ich mich zu fragen, ob ich nicht genau wie sie ein Problem mit der Komplexität der Gegenwart hatte, wenn ich die Menschen, die dort standen, hasste. Wenn ich mir wünschte, sie wären einfach nicht da, genauso wie sich andere Menschen wünschten, es gebe keine Homosexuellen oder Geflüchteten. Ich kam zu dem Ergebnis, dass das vielleicht stimmte, ich aber nicht bei diesem Affekt stehen blieb und diese Menschen tatsächlich abschaffen wollte. Ich wollte im Gegenteil, dass sie die Möglichkeit bekamen, in einer besseren Lage zu sein, und ich war bereit, dafür zu bezahlen. Ein Problem mit der Komplexität der Verhältnisse, in denen ich lebte, hatte ich trotzdem. An dieser Stelle lag das eigentliche Thema. Denn mein Affekt kollidierte mit meinem sozialliberalen Habitus, dessen Kernkompetenz die Toleranz ist. Er kollidierte mit der Annahme, die ich mir über diese Gesellschaft gemacht hatte, und er gefährdete sie. Er beleidigte mich und die Annahme, dass alle Menschen gleich sind und wie Gleiche behandelt werden sollten, weswegen ich mich bis jetzt auch etwa zweiunddreißig Mal entschuldigt habe. Diese Entschuldigungen sind zwar aufrichtige gewesen, aber sie haben auch etwas von einer reflexhaften Pose, und vielleicht ist es das, was die Menschen, die alles Mögliche und besonders »Gutmenschen« hassen, meinen, wenn sie von »Gutmenschen« sprechen. Dass diese »Gutmenschen« so tun, als wären alle gleich, aber Menschen, die hassen, trotzdem asozial finden und sie nicht in ihrer Nähe haben wollen. Vielleicht spüren die, die asozial gefunden werden, dass die sogenannten Gutmenschen an genau dieser Stelle angreifbar sind. Denn die Idee, dass alle Menschen gleich viel können und haben, die gleichen Chancen bekommen, nach oben zu kommen, den gleichen Zugang zu Bildung, materieller Sicherheit und persönlicher Entfaltung erhalten, hat bisher zu keinem Zeitpunkt funktioniert. Das bedeutet nicht, dass man die Idee aufgeben sollte. Eine Gesellschaft muss versuchen, sich ihr anzunähern (und vielleicht muss sie dabei auch wissen, dass sie es niemals schaffen wird, was irgendein systemimmanentes Ding ist. Wenn Fortschritt passiert, bedeutet er Gutes und gleichzeitig Schlechtes). Menschen wie ich aber, denen es vergleichsweise gut geht, fühlen sich dafür verantwortlich. Sie haben ein schlechtes Gewissen und fangen deswegen an, den Kapitalismus zu kritisieren. Jenes diffuse Wutobjekt, das als Chiffre für ein Unbehagen fungiert, das aber viel zu komplex ist, als dass irgendwer sagen könnte, wer oder was er damit eigentlich meint. Das viel zu groß und umfassend ist, um es zu lokalisieren. Denn zu sagen, man wolle den Kapitalismus abschaffen, ist in seiner Kritik etwa so präzise, wie die Welt abschaffen zu wollen, weil sie so ungerecht ist. Das ist sie, und natürlich hat das entscheidend mit diesem sogenannten Kapitalismus (mit der Maßlosigkeit, mit dem Wunsch also, stets das Maximum zu erreichen) zu tun, aber dieser Kapitalismus hat eben auch dafür gesorgt, dass Menschen länger leben, weniger sterben und Aufstiegsmöglichkeiten sich verbessern, wobei dieser Befund genauso undifferenziert ist wie die Feststellung, der Kapitalismus sei ungerecht. Dennoch ist er wichtig, denn man kann beides (die guten und die schlechten Effekte) nicht voneinander trennen. Menschen wie ich aber, Menschen, denen es vergleichsweise gut geht also, haben Schwierigkeiten mit jener Ungerechtigkeit, was an sich natürlich richtig und nachvollziehbar ist. Aber sie tun deswegen so, als gebe es keine Unterschiede, obwohl es diese Unterschiede sind, auf deren Grundlage sie oben sein können. Oben ist es besser, aber diese Menschen – wir – wollen aus naheliegenden Gründen unter keinen Umständen mit den Kategorien »besser« und »schlechter« hantieren, wenn es um Menschen geht, denn dann wäre man ja recht schnell bei besseren und schlechteren Menschen. Menschen wie ich wohnen für gewöhnlich nicht dort, wo ich wohnte, sie wohnen, wo die Menschen aussehen wie sie selbst, und von dort ist es natürlich noch viel einfacher zu behaupten, alle Menschen seien gleich. Dabei geht es ja bei der Idee der Gleichheit nicht darum, dass alle Menschen 1,75 Meter groß wären, Romane schreiben und in Deutschland geboren worden sind, es geht im Gegenteil darum, dass Menschen unterschiedlich sind und dass man diese Unterschiedlichkeit möglichst gleichwertig berücksichtigen muss, um nicht ungerecht zu werden. Insofern bringen ich und die Menschen mit dem schlechten Gewissen da vielleicht häufiger etwas durcheinander. Etwa wenn wir nicht darüber sprechen wollen, dass islamisch geprägte Männer häufig wenig von Juden und Frauen halten. Denn dann können sich stattdessen die AfD und Montagsdemonstranten darüber unterhalten und außerdem sagen, dass Politiker und Journalisten lügen. Es ist eine Lüge, die sozialen und kulturellen Differenzen, die es in Deutschland zwischen oben und unten gibt, nicht zu benennen und so zu tun, als könnte hier jeder mit jedem abhängen. Erstens hängt hier nicht jeder mit jedem ab, und zweitens will hier auch nicht jeder mit jedem abhängen. Es ist auch eine Lüge, dass die Kategorien »besser« und »schlechter« keine Rolle spielten, denn unten hat man es schlechter als oben. Daraus muss aber nicht folgen, dass man die Menschen unten oder oben schlechter fände, und vielleicht ist das die eigentliche gedankliche Leistung, die man irgendwie zustande bringen sollte.

Von der Kreuzung aus ging ich zur Apotheke. Es war eine große und helle Apotheke. Es war sauber, und man konnte kaufen, und das half. Ich hatte die Apotheke früher nie vormittags besucht, weil ich arbeiten gewesen war. Nun sah ich, dass sie zu dieser Uhrzeit komplett voll war. Menschen standen Schlange, und es dauerte ewig. Alte Menschen, Mütter mit ihren Kindern, aber auch viele Menschen ohne Kinder, die so jung waren, dass sie zu diesem Zeitpunkt eigentlich nicht so lange in der Apotheke anstehen könnten, wenn sie zur Arbeit müssten. Müde Menschen, dicke Menschen, Menschen, denen man ansah, dass es ihnen nicht gut ging. Menschen, die nicht weit gehen konnten, Frauen, die nicht unbegrenzt weit gehen konnten, weil sie Kinder dabeihatten. Es dauerte so lange, bis man drankam, weil viele Menschen etwas wollten und weil sich die Menschen, wenn sie dran waren, lange mit den Apothekern unterhalten wollten. Es war Vormittag, sie wollten über sich sprechen und sie brauchten jemand, der zuhörte. Menschen, die mehr Geld hatten und mobiler waren, gingen zum Psychotherapeuten, zur Massage oder zum Yoga, die Menschen in dieser Gegend, dachte ich, gingen in die Apotheke, um gut behandelt zu werden.

War ich schließlich an der Reihe, dauerte es allerdings auch länger, länger als früher. Auch beim Einkaufen im Supermarkt hatte ich festgestellt, dass ich häufiger versuchte, die Menschen an der Kasse in ein Gespräch zu verwickeln. Aber die Menschen an der Kasse hatten dafür keine Zeit. Und ich, die immer gerne alleine gewesen war, war es nun unfreiwillig. Ich vermisste Kontakt zu Menschen. Auf dem Nachhauseweg, mit Einkaufstüten in der Hand, das Baby vor der Brust und die achtzig Stufen in die feindliche Wohnung im Kopf, wo ich wieder alleine sein würde, lief ich wieder an den Menschen an der Kreuzung vorbei und wenig später an einem Spielplatz, auf dem Frauen und nur Frauen saßen, dieses merkwürdige Vormittagsvolk zu dem ich neuerdings gehörte. Ich lief weiter und dachte, wie brüchig der zivilisatorische Rahmen war, in den ich mich da als Frau hatte reinsetzen müssen.

Einmal kam ich vom Einkaufen wieder und roch bereits im Treppenhaus, dass irgendetwas mit Feuer passiert sein musste. Vor unserer Wohnungstür sah ich dann, dass ein Tisch, der dort stand und auf dem wir Zeitungen und Altglas abstellten, verschmorte Stellen hatte. Ein paar der Zeitungen lagen schwarz und zusammengekrümmt daneben. Ich verdächtigte sofort die Schüler, die häufig in unser Haus gingen, um zu rauchen. Oder die Junkies. Gegenüber meinem Freund beschimpfte ich beide, und wir beschlossen zum hundertsten Mal, der Hausverwaltung zu sagen, dass sie eine Tür in das Haus bauen sollten, durch die nicht jeder reinkam. Zusammen hofften wir weiter, dass wir bald eine Wohnung ganz woanders haben würden. Zusammen hatten wir inzwischen außerdem das Gefühl, dass es egal war, ob wir wegen des Mannes in unserem Haus zur Polizei gingen oder nicht, weil sie uns nicht helfen konnten. Wir waren da gewesen, und die Polizei war auch sehr nett gewesen. Man hatte uns gesagt, dass gegen den Mann bereits eine Menge Anzeigen vorliegen würden wegen Ruhestörung und Volksverhetzung. Gegenwärtig könne man aber nicht so richtig etwas gegen ihn machen, auch wegen der komischen Dinge, die ich mit ihm erlebt habe, könne man ihn nirgendwohin sperren. Wir könnten lediglich immer wieder anrufen, wenn er Nazisätze von seinem Balkon brüllte oder wir uns sonstwie bedroht fühlten. Ich fühlte mich immer bedroht, wenn ich durch das Treppenhaus ging, aber deswegen konnte ich nicht bei der Polizei anrufen. Ich rief sie, wenn er wieder auf dem Balkon stand und schrie.

Am 19. Dezember ging ich mit dem Baby in ein Einkaufszentrum gegenüber dem Breitscheidplatz in Charlottenburg. Ich traf dort eine Freundin mit ihrem Baby, und es war gut, dort zu sein, wo Menschen dafür sorgten, dass die Welt schön aussah, damit man sie haben und kaufen wollte. Die Schaufenster glänzten, und die Verkäufer sprachen freundliche Sätze. Wir gingen gegen sieben. Zu Hause brachte ich das Baby ins Bett, zwischen Bad und Flur nahm ich im Vorbeigehen einen Satz meines Freundes mit, der irgendetwas von einem Anschlag in Berlin erzählte. »Scheiße«, antwortete ich und trug das quengelnde Baby ins Schlafzimmer. Erst als es schlief, erfuhr ich, was passiert war. Jemand war gegen zwanzig Uhr mit einem LKW in den Weihnachtsmarkt am Breitscheidplatz gefahren und hatte mehrere Menschen umgebracht. Es wurde von einem islamistischen Terroranschlag ausgegangen. Bevor ich auf Twitter, Facebook und den Nachrichtenseiten mehr erfahren konnte, hörte ich den Mann von unten brüllen. »Mohammed ist eine Hure«, irgendetwas mit Islam, deutschen Opfern und »der Ali hat wieder zugeschlagen«. Mein Freund und ich verdrehten die Augen und sahen wieder auf unsere Telefone. Ich glaube, es erschien uns beiden lächerlich, in dieser Situation die Polizei zu holen. Der Mann schrie weiter. »Wenn er das nächste Mal schreit«, sagte mein Freund, »rufen wir an.« Es wurde still, wir lasen weiter, erzählten uns, was wir lasen und dass das Baby und ich kurz vorher noch dort gewesen waren. Der Anschlag war nah, aber komplett unwirklich. Wirklicher wirkte der Brandgeruch, der durch die Balkontür hereinkam. Wir gingen raus und sahen, dass es rechts von unserem Haus, nämlich dort, wo ein Jugendzentrum war, brannte. Dicht vor der Holztür des Jugendzentrums lag ein brennender Haufen, und davor stand ein Mann. Auf einigen der Balkone ringsherum waren Menschen, die guckten und riefen. Mein Freund nahm einen Autofeuerlöscher, der bei uns irgendwie herumlag, ging runter und löschte. Wenig später leuchteten die Häuserwände blau auf, weil Polizei und Feuerwehr gekommen waren. Mein Freund sagte ihnen, dass er den Mann aus unserem Haus kurz zuvor bei dem Feuer gesehen hatte, andere Menschen, die ebenfalls rausgekommen waren, bezeugten das. Ich weiß nicht, was dann passierte. Ob die Polizei ihn mitnahm, oder ob er vielleicht längst verschwunden gewesen war.

Der Mann war feige. Er hatte vor der Holztür eines Jugendzentrums Feuer gemacht, das überwiegend von Jugendlichen besucht wurde, die arabische, türkische, kurdische oder persische Wurzeln hatten. Mein Freund vermutete, dass er sich aus dem Hinterhof unseres Hauses Papp- und Papierabfälle genommen, sie vor dem Jugendzentrum angesammelt und angezündet hatte. Und natürlich musste ich, mussten wir, sofort daran denken, dass es vor unserer Wohnungstür ebenfalls gebrannt hatte, das Altpapier auf dem Tisch war angezündet worden. Wir besorgten uns einen Feuermelder für unseren Eingangsbereich. Wir gingen noch mal zur Polizei, die sagte, man könne ihm nichts so richtig nachweisen, sei aber dran. Wir sollten so viel wie möglich anrufen, wenn er aktiv war, damit sie so viel wie möglich in der Hand hätten. Sie sagten außerdem, dass in solchen Fällen manchmal ein Umzug das Einzige sei, was helfe, woraufhin wir entgegneten, wir seien dran. Wir riefen beim sozialpsychiatrischen Dienst an, der versprach, bei dem Mann vorbeizugehen, um zu gucken, ob und wenn ja welche Art der Verrücktheit bei ihm vorlag. Dafür seien sie aber auf seine Kooperation angewiesen. Wir machten uns was das anging keine Hoffnung, wir kümmerten uns weiter um eine Wohnung.

18

Ich sprach nun häufiger mit Menschen auf der Straße. In der U-Bahn, an der Kasse, in Geschäften, täglich sprachen mich Menschen an, weil sie das Baby sahen. Ich war ansprechbar, ich hatte mehr Zeit, ich war mehr in der Welt und sprach also mit Menschen, zu denen ich vorher niemals gekommen wäre, Menschen, die nichts mit der gläsernen Welt hinter der Grenze zu tun hatten. Es waren aber nicht nur die Menschen, die mich ansprachen, auch ich sprach sie an. Ich musste. Ob sie mir die Tür aufhalten könnten, ob sie mir dabei helfen könnten, den Kinderwagen irgendwo hoch- oder runterzutragen, ob ich mich, das Baby vor den Oberkörper gebunden, in der U-Bahn vielleicht setzen könnte. Ich mochte es nicht, zu fragen, ich fragte nur, wenn es nicht anders ging. Meistens waren die Menschen sehr nett, meistens wollten sie helfen. Aber ich war noch eine Weile mit dem Versuch beschäftigt, meinen alten Zustand aufrechtzuerhalten und weder meine Langsamkeit noch das Angewiesensein zu akzeptieren. Ich fand mich schwerfällig und hatte sehr konkret das Gefühl, aus Fleisch und Knochen zu bestehen. Gelegentlich bekam ich dann in diesem Körper klaustrophobische Zustände, etwa wenn ich ihn und das Baby auf besonders mühselige Weise irgendwohin tragen musste und wusste, ich konnte nirgendwohin, ich konnte nie wieder verschwinden, zuallererst, weil ich es nicht wollte.

Meine alten Freunde riefen immer seltener an. Vielleicht dachten sie, dass ich keine Zeit und ganz andere Sorgen hätte. Oder sie dachten, dass ihre Sorgen vergleichsweise unwichtig seien, und wollten deswegen nicht stören. Jedenfalls flossen unsere Leben mit jedem Monat, dass das Baby da war, mehr auseinander. Da viele dieser Freunde etwas mit meiner Arbeit zu tun gehabt hatten, begegneten wir einander nicht mehr, ohne etwas dafür tun zu müssen. Ich ging nicht oder nur sehr selten zu Abendveranstaltungen.

Wenn wir uns sprachen, hatte ich das Gefühl, nichts Interessantes erzählen zu können, wofür ich mich entschuldigen wollte, und hin und wieder tat ich es auch.

Ich war verschwunden, in den Bauch unserer Wohnung verschluckt, wo ich mich ameisenhaft hin- und herbewegte. Manchmal dachte ich, dass meine Freunde sich nicht mehr meldeten, weil ich ihr Lebenskonzept verraten hatte, indem ich ein Kind bekommen hatte, so, wie ich das auch mal gedacht hatte, als eine Freundin von mir Mutter geworden war. Damals hatte ich sie und ihr neues Leben einfach nicht sehen wollen, um mir keine Gedanken über meins machen zu müssen. Ich hatte mich nicht mit der Frage befassen wollen, ob und wann ich Kinder wollte, ich hatte die Konkretion der Entscheidung für ein Kind am Beispiel ihres Lebens nicht sehen wollen und mir immer wieder gesagt, wie richtig es war, gerade alleine zu sein, und wie bedauernswert sie sei, weil sie es nicht war. Dass auch ich mich irgendwann entscheiden müsste, war unvorstellbar.

Nina Pauer hat darüber in einem Text für *Die ZEIT* geschrieben. Sie beschreibt zwei Lager, die sich insbesondere in einem akademischen, kreativen und urbanen Milieu bildeten, wenn man ein bestimmtes Alter erreicht habe. Eltern und Kinderlose. Beide verteidigten ihr Modell als das Ultimative, denn beide hätten schließlich eine Menge zu verlieren.

Das eine Modell bedeutet Unabhängigkeit, Fun und uneingeschränkte Selbstverwirklichung, wobei irgendwann später, wenn man alles erreicht hat, Einsamkeit und Leere drohen könnten. Das andere Modell wird verbunden mit Sinnhaftigkeit, Erfüllung und der Fähigkeit, sich zu benehmen wie ein Erwachsener, der es mit Mitte dreißig doch noch geschafft hat, nicht mehr jedes Wochenende hedonistisch im Berghain rumzurennen. Auch das Kindermodell hat selbstverständlich einen Preis, nämlich den der ungebremsten Selbstverwirklichung, dem Verzicht, dem Opfer. Die beiden Lager, so Pauer, würden einander kritisch beobachten und jeweils versuchen, ihr Leben richtiger zu finden. Sie geht davon aus, dass die Tatsache, dass man sich entscheiden muss, die beiden Lager trennt. Die Entscheidung werde als Zumutung empfunden, und man begegne dem anderen Lager vor allem deswegen mit Argwohn und Skepsis, weil es sich anders entschieden habe als man selbst. Das »Phantasma der ewigen Verfügungsgewalt über das eigene Leben« werde somit als Missverständnis enttarnt (also die Möglichkeit, sich für immer alle Möglichkeiten offenzuhalten). Und natürlich ist dieses Phantasma Ausweis einer unreifen Perspektive auf das Leben, die beide Parteien (Menschen mit und ohne Kinder) gleichermaßen einnehmen, wenn sie beleidigt auf Lebensentwürfe reagieren, die nicht ihren entsprechen. Beide Parteien vergleichen sich auf kindergartenhafte Weise und scheinen vor allem Angst zu haben. Angst, die falschen Entscheidungen zu treffen, nicht im richtigen Leben zu sein, Angst zu verlieren.

Auch ich sah jene Menschen, die sich leicht, schnell und

unbeschwert auf ihre Ziele zubewegten, nun anders. Ich sah sie und war wütend auf sie, weil ich ihnen unterstellte, dass sie nicht so ein hartes Life hatten wie ich. Ich war genervt, wenn sie sagten, dass sie müde seien, weil sie das ganze Wochenende durchgefeiert hätten, oder wenn sie fragten, ob wir uns um 23:30 verabreden wollten. Ich war genervt von Menschen, die nur für und durch sich lebten, auch wenn ich das alles nie sagte. Aber ich zeigte sämtliche Reflexe, die man haben kann (Arschlöcher, Egoisten, riesige, überhaupt nicht süße Babys), und war deswegen beleidigt. Insbesondere wenn ich über meine Wut nachdachte und sie sich schwer aufrechterhalten ließ. Denn: Ja, es war eine sehr einsame Angelegenheit, und ja, meine alten Freunde kamen nach Hause, wenn ich aufstand. Sie arbeiteten, wenn ich mit dem Baby durch die Wohnung krabbelte. Sie hatten wenig Zeit für Hilfe, selbst wenn sie es gewollt hätten. Es gab keinen Vertrag zwischen uns, keine Verpflichtung zu irgendwas. Hätten sie geholfen, dann nur, weil sie es gewollt hätten. Dass sie dafür nicht besonders viel Zeit fanden, mag damit zu tun haben, dass sie nicht wussten, wie alleine man ist. Und dass sie ihr Leben, wie es war, schützen wollten. Und schließlich besteht der Vertrag, den moderne, extrem individualisierte Menschen miteinander eingehen, eben vor allem darin, dass man einander nicht zur Last fällt, dass man die Geschwindigkeit des anderen nicht bremst. Man kann eine gute Zeit miteinander haben, dann aber geht jeder wieder zurück in den riesigen Raum, den er für sich und seine hochentwickelten Bedürfnisse braucht. Ich will nicht sagen, dass das falsch ist. Zunächst einmal ist es so. Abgesehen davon, dass man den Menschen ihr gewordenes Sein nicht vorwerfen kann (dessen Grundlage teilweise große Errungenschaften und Ausweis eines hohen gesellschaftlichen Entwicklungsstand sind, etwa das Streben nach Selbstverwirklichung oder die Übereinkunft darüber, dass jeder den anderen machen lässt). Man kann den Menschen ihr Sein nicht vorwerfen, wenn sie doch längst davon ausgehen, dass der Generationenvertrag nicht mehr aktuell ist. Man kann es ihnen nicht vorwerfen, wenn sie für die meisten Leistungen (babysitten, zuhören, massieren), die früher Freunde und Familie übernommen haben, inzwischen bezahlen (weil Familien heute nicht selten nur aus drei getrennten, das heißt für sich lebenden Leuten bestehen, die jeweils viel zu tun haben und weit weg wohnen, und bei den Freunden ist es ähnlich). Man kann ihnen nicht vorwerfen, dass sie auf diese Weise leben, denn das ist der Vertrag, den sie unterschrieben haben. Man kann ihnen nicht empört vorwerfen, dass meine Isolationshaft im vierten Stock eine Erfindung des Industriezeitalters ist (was ich im Übrigen ständig las: Babys wurden früher von ganzen Dörfern und in Großfamilien großgezogen, wobei ich weder auf dem Dorf noch in einer Großfamilie leben wollte und nie wusste, was ich mit dieser Information jetzt eigentlich machen sollte, ich erwog dann, mich einer Krabbelgruppe anzuschließen).

Es wird und wurde viel darüber geschrieben, wie hart es ist, ein Baby zu haben. Die britische Autorin Rachel Cusk hat darüber geschrieben, die schwedische Autorin Maria Sveland, in Deutschland waren es Malte Welding und Stefanie Lohaus, um nur einige zu nennen, und nun tue ich es. Die Bücher sind die Selbstaussagen eines akademischen, urbanen Milieus. Denn es ist eben genau dieses Milieu, das hier für die Beschreibung von Gesellschaft zuständig ist, woraus sich notwendigerweise eine bestimmte Perspektive ergibt. Es ist eine Perspektive, die auf einen eher hohen Lebensstandard hinweist und deren erste Bedingung das Selbst und seine Verwirklichung ist. Es geht um Selbstbeschäftigung, Selbstbestimmtheit, Individualität, Autonomie.

Das Gefühl der Angewiesenheit könnte dazu nicht entgegengesetzter sein. Warum hilft mir denn keiner, fragte ich mich dann, wenn wieder mal alles schiefging. Ich fragte mich, wie meine Mutter das alles hatte vier Mal durchziehen können und warum ich es so schwer fand. War ich irgendwie unreif oder egoman? War ich narzisstisch, so wie angeblich fast alle in meinem Alter?

Tatsächlich ist der Narzissmusvorwurf, den ich mir machte, gegenwärtig besonders beliebt. Es wird eigentlich jeder narzisstisch genannt, der dem jeweiligen Philosophen, Feuilletonisten oder sonst wie Kritisierenden gerade auf die Nerven geht. Entsprechend unscharf ist die Verwendung des Begriffs, es gibt sogar ein Buch, das sich mit dieser Narzissmusinflation befasst. Sie ist keine Überraschung, sie passt zu dem, was man von morgens bis abends sieht, nämlich Menschen, die sich und ihr Bild auf Facebook, Instagram und Twitter vervielfältigen. Sie passt zu der Kritik am »Zeitalter des Neoliberalismus« und des »entfesselten Kapitalismus«, also zu der Kritik des Betriebssystems des modernen, angeblich ichsüchtigen Individuums. Sie ist insofern komplett berechenbar, und sie richtet sich besonders engagiert gegen Menschen, die in den 80er- und 90er-Jahren geboren wurden, weil die so viele Selfies posten und so gerne von sich reden. Nun redet aber derjenige, der sich den Narzissten als Feind ausgesucht hat und dessen gesellschaftszersetzende Eigenschaft kritisiert, ja zwangsläufig auch von sich und wie viel besser die

Welt (und die Bücher, die über sie geschrieben werden) wäre, wenn alle ein bisschen mehr wären wie er. Womit man ihm, wenn man den Begriff ähnlich unpräzise verwenden wollte wie er, sofort vorwerfen könnte, er sei ein Narzisst. Die Frage nach der Sinnhaftigkeit der Verwendung dieses Begriffs erübrigt sich damit insofern, als sich an diesem Punkt dann alle einmal als Narzisst bezeichnet hätten, ohne dass wirklich klar wäre, was gemeint ist und was daraus folgt. Man könnte einander genauso gut als Arschloch beschimpfen, aber »Narzisst« klingt eher, als habe derjenige, der den Begriff verwendet, darüber nachgedacht.

Als ich mir wünschte, eine langmütigere, entspanntere Mutter zu sein, die es problemlos schafft, von ihren Bedürfnissen abzusehen, fragte ich mich tatsächlich relativ bald, ob ich eine Narzisstin sei. Die Frage, ob ich nun eine gute Mutter war, führte mich also direkt zu der Frage, ob ich eine Narzisstin sei, wobei die Frage, die hinter diesen Fragen steht, die Frage ist, wie man sich selber findet und vor allem: wie man sich im Abgleich mit den anderen findet. Es ist wiederum eine sehr komplizierte Frage, woher dieser Drang zum Vergleich eigentlich kommt. Geht es um die Angst, nicht mithalten zu können? Wenn ja, woher kommt sie? Ist diese Angst eine milieuspezifische (jung, akademisch, urban, häufig prekäre Arbeitsverhältnisse) oder schreibt ein bestimmtes Milieu nur sichtbarer darüber als andere Milieus? Fest steht eigentlich nur, dass es heute ungleich viele Möglichkeiten und Angebote gibt, sich zu vergleichen und sich zu fragen, wie man im Vergleich mit den anderen abschneidet.

Der Wunsch, besser, langmütiger, entspannter etc. zu sein, hat naturgemäß überhaupt nirgendwo hingeführt, er hat mich nur noch verrückter gemacht. Verrückter, weil ich mich mit dieser Idee-Mutter verglich (supernarzisstisch von mir), von der ich nicht sicher bin, ob es sie überhaupt gibt, jedenfalls gab es sie in mir nur selten. Selbstverständlich habe ich zu keinem Zeitpunkt beschlossen, eine perfekte Mutter sein zu wollen, ich habe im Gegenteil über dieses Konstrukt gelacht. Ich fand es komplett idiotisch, was festzustellen allerdings auch kein Kunststück ist. Dennoch und auch, wenn ich geglaubt hatte, viel unabhängiger und emanzipierter zu sein, gab es sie immer wieder, diese Momente, in denen ich meine Performance überprüfte und sie unzureichend fand. Jene Gedanken schlichen mir einfach durch den Kopf, sie gehörten gewissermaßen zu meiner Innenausstattung.

Wie bereits angedeutet, wird auch den Exponenten des akademischen, kreativen, urbanen Milieus (also jenen, die auf welche Weise auch immer in der Öffentlichkeit stehen) gerne ein Narzissmus-Issue attestiert. Auch ich habe, könnte man meinen, in eine ähnliche Richtung gedacht, als ich schrieb, dass ihr Lebenskonzept von einem Kind komplett auseinandergenommen werde. Das Leben, in dem man selbst und die Frage, was dieses Selbst will, eine zentrale Rolle spielen. Wie geschrieben, geht das zurück auf eine kulturelle und ökonomische Prägung, die für eine exklusive gesellschaftliche Gruppe viel Gutes mit sich bringt und Ausweis eines hohen Lebensstandards ist.

Einer von vielen nicht so guten Aspekten dieser Prägung zur maximalen Freiheit, zum Ich und seinen Bedürfnissen könnte dagegen sein, dass man spezielle Schwierigkeiten mit Langsamkeit und Abhängigkeit hat. Darauf aber mit einem kulturpessimistischen Narzissmusvorwurf zu antworten ist nicht nur undifferenziert und ein bisschen dumm, es hat letztlich keine Bedeutung, keine, aus der etwas folgen würde. Die Menschen jedenfalls, die sich dafür entscheiden, Kinder zu haben (und das sind gegenwärtig noch die meisten), müssen ohnehin damit klarkommen, zumindest temporär von sich und ihrem Willen abzusehen.

Meine Freunde meldeten sich also immer weniger, ich rief aber auch nicht mehr an. Auch ich musste die Entscheidung für dieses Leben vor ihnen schützen. Außerdem konnte ich mich, so, wie ich mich in ihren Augen sah, nicht besonders gut leiden. Manchmal erschreckte ich mich und fand, ich sei bitter. Bitter und nervig, weil man mit so einem Baby, wenn man etwas machen möchte, immer irgendwelche Spezialbedürfnisse anzumelden hat, die so ein einfaches Vorhaben, wie etwas essen gehen, sofort kompliziert machen. Bitter, nervig, kompliziert und nicht zuletzt: angewiesen. Ich musste darum bitten, dass die Dinge auf eine bestimmte Weise zu einer bestimmten Uhrzeit geschahen, ich brauchte Hilfe beim Tragen, Halten. Es gefiel mir nicht, Hilfe zu brauchen. Außerdem konnte man sich nicht richtig mit mir unterhalten, weil ich auf das Baby guckte, und dann war ich latent aggressiv, weil ich müde war, und neidisch darauf, dass sie es leichter hatten, und komplett entnervt, wenn ich feststellen musste, dass ich zwar neidisch sein durfte, ihnen meinen Neid aber nicht vorwerfen konnte.

Einige Male zwang ich mich, den Mund zu halten, als ich den Warte-nur-bis-du-Kinder-hast-Satz sagen wollte. Ich konnte nicht fassen, dass ich wirklich dabei war, ihn zu sagen, und sagte nichts, um nicht vollends zu jenem

Klischee zu werden, vor dem ich mich gefürchtet hatte. Denn ich erinnerte mich doch daran, wie es vorher gewesen war und dass ich auch damals nie Zeit gehabt und es anstrengend gefunden hatte. Ich wusste doch, dass man die Frage, ob jemand Kinder hat oder nicht, auf keinen Fall mit dem Kriterium der Richtigkeit beurteilen kann, abgesehen davon, dass sie mich überhaupt nichts anging. Ich wusste das alles.

An manchen Nachmittagen fragte ich mich trotzdem, wo die Stelle war, bei der ich mich beschweren konnte. Meistens kam ich zu dem Ergebnis, dass es sie nicht gab, zumindest meine Freunde waren das betreffend keine Adresse. Ich dachte, dass man diese Einsicht vielleicht erwachsen nennen konnte. Die Einsicht, dass man ganz alleine verantwortlich war.

Oder man nennt sie das Gegenteil: In der Ich-Zeit verhaftet, vereinzelungsgläubig, nicht an Gesellschaft interessiert. Denn natürlich gibt es viele Möglichkeiten, es Eltern leichter zu machen. Freunde könnten versuchen, trotzdem weiter anzurufen, zum Beispiel, und die Politik beziehungsweise der Staat hätten auch tausend Möglichkeiten, auf die ich hier nicht näher eingehen will, weil man darüber noch ein Buch schreiben könnte.

Dachte ich darüber nach, was das für Möglichkeiten waren und wie man sie am besten umsetzen könnte, fiel mir auf, wie suspekt es mir war, etwas von Staat und Politik zu wollen. Ich kannte diesen Staat nicht, ich wusste nicht, wer das ist, und hatte nie etwas mit ihm zu tun. Die hinter dem Staatsruf stehende Anspruchshaltung ist mir fremd. Aber das ändert sich naturgemäß in dem Moment, da man auf Hilfe angewiesen ist und beginnt, mit staatlichen Organen in Kontakt zu treten (etwa indem man versucht, irgendwelche absurd komplizierten Staatsformulare auszufüllen). Ist Hilfe hier die richtige Vokabel? Hilfe, die mit Dankbarkeit beantwortet werden müsste? Oder gibt es so etwas wie einen Anspruch? Ist ein Anspruch bereits dann legitimiert, wenn ausreichend viele Menschen das Gleiche wollen und brauchen? I don't know, es ist kompliziert. Dass ich es jedenfalls beinahe grotesk fand, etwas von diesem Staat zu fordern, hing wohl damit zusammen, dass in meiner bisherigen Rechnung so etwas wie Gemeinwesen und Angewiesenheit nicht vorkam. Zumindest nicht, was mich betraf, angewiesen waren die anderen.

Hat man Geld, ist man weniger angewiesen. Was man mit so einem Baby braucht, ist Zeit, Hilfe und das Geld dafür. Mit Geld kann man sich Zeit kaufen, indem man Hilfe bezahlt. In der Zeit, die man sich gekauft hat, kann man neues Geld verdienen (oder ein bisschen schlafen, um dazu wieder in der Lage zu sein). Zeit kostet Geld und umgekehrt. Man hat es ungleich leichter, wenn man viel Geld hat (und bereit dazu ist, das Baby anderen Menschen anzuvertrauen). Nun haben aber die wenigsten solche Unmengen an Geld, weswegen sie darauf angewiesen sind, dass Politiker sich darüber Gedanken machen, wie man dieses Problem lösen könnte. Geld hilft, wirklich, ich habe mir nie intensiver Geld gewünscht als in jener Zeit. Aber Geld bedeutet eben auch nicht, dass es leicht wird. Geld löst viele Probleme, aber nicht alle. Es ist überhaupt keine Überraschung, dass man es als Teil des benannten Milieus zunächst extrem hart findet, mit den Veränderungen umzugehen, die ein Kind bedeutet. Natürlich, man fällt sanfter, wenn man Geld hat. Trotzdem tut es weh. Es tut im eigenen Kopf weh. Es tut dort aus vielen Gründen weh. Aber es tut auch weh, weil dieser Kopf geworden ist, wie er ist, und ich glaube, das ist nicht zu ändern.

19

Die Polizei hatte gesagt, dass wir nicht »eigenmächtig handeln« sollten, wenn der Mann wieder störte oder ich mich bedroht fühlte. Einmal begegnete ich ihm tagsüber auf der Straße. Um den Abstand zwischen uns zu vergrößern, ging ich an dem äußeren Rand des Bürgersteigs. Er guckte nur, er glotzte. Eilig ging ich an ihm vorbei, froh, dass unsere Begegnung vorüber war, als ich ihn hinter mir gelassen hatte. Sofort dachte ich, dass ich es mit meiner Angst (der Angst alleine im Treppenhaus, der Angst bei jedem Geräusch, der Angst, wenn mein Freund nicht da war, der Angst, dass er unsere Wohnung anzünden könnte) übertrieb. Als ich etwa zwanzig Schritte gegangen war, drehte ich mich noch einmal um. Er war dort stehen geblieben, wo sich unsere Wege gekreuzt hatten, und sah mir hinterher, das Gesicht vollkommen regungslos. Ich ging schnell weiter und fühlte mich beklaut, weil er mir ein weiteres Mal hatte ins Gesicht sehen können. Zu Hause erzählte ich meinem Freund davon. Er schwieg und war wütend, denn er konnte nichts tun.

Einige Tage später schrie der Mann abends wieder von seinem Balkon herunter. Es war das erste Mal, dass mein Freund aufsprang, nach draußen ging und dem Mann entgegnete, dass er endlich still sein sollte. Und er verstummte tatsächlich. Bis er an unsere Wohnungstür hämmerte. »Hier ist der Staatsschutz!«, rief er, »Öffnen Sie die Tür!«

Kurz lachte ich auf, denn dieser Mann, der in einer winzigen Wohnung wohnte, der erst brüllen konnte, wenn er betrunken genug war, der wahrscheinlich keine Arbeit hatte und auch sonst wenig Kontakt zu Menschen, schaffte es, mir Angst zu machen, und behauptete dabei, er sei der Staatsschutz. Der Schutz eines rechtmäßigen Staats vermutlich, eines Staats, in dem er endlich eine Rolle spielen würde. Während der Mann hämmerte, rief ich die Polizei. Ich wusste inzwischen, wie das ging. Als mein Freund ihm durch die geschlossene Tür sagte, dass die Polizei gleich da sei, ging er. Einige Minuten später hörten wir, wie sie einige Stockwerke unter uns gegen seine Tür hämmerten. Ich hasste die Situation und erinnerte mich daran, dass wir hier nicht bleiben würden. Hier waren die anderen, und ich würde dort hingehen, wo Menschen, die so offiziell sick und gefährlich waren wie er, niemals akzeptiert werden würden, dahin, wo Menschen sich dafür interessierten, dass niemand in ihrer Nähe so war. Denn das war doch das Verrückte an diesem Gespensterhaus. Man traf kaum Menschen. Man hauste nur. Die einzigen, die ich selten, aber regelmäßig sah, war die Familie mit den Innereien auf dem Balkon. Aber von denen konnte keiner Deutsch, und ich hielt es für unwahrscheinlich, dass sie die Polizei rufen würden. Sie wirkten eher, als würden sie jeden Kontakt zur Außenwelt vermeiden, weil sie Angst vor ihr hatten. Abgesehen von einigen Studenten, die wussten, dass sie in diesem Haus nicht bleiben würden, wirkten alle in diesem Haus so, als wollten sie mit Menschen nichts zu tun haben und damit hatte ich vor dem Baby sehr gut leben können. Nun aber wollte ich: wachsame Nachbarn, gute Bürger, Ordnung. Von mir aus zu einem unbezahlbaren Mietpreis, aber das war es mir wert. Vielleicht musste man den bezah-

len, damit einem Menschen wie der Mann nicht hinterher-
ziehen konnten. Dass ich diese Gedanken fies und nicht
zum Vorzeigen fand, muss ich nicht erwähnen. Aber es war
mir vollkommen egal.

20

Wir saßen ohne Schuhe im Kreis und erzählten, »wie es uns mit der letzten Woche und dem Baby gegangen« sei. Wir sangen Sachen wie »Zwei kleine Schlangen sagen sich ganz lässig ›Hi‹« oder »Uuhlalalala, Ksskskss« und intonierten gemeinsam den Satz »Und was gibt es zum Schluss? Einen dicken fetten Kuss«. Wir krabbelten über den Boden und stapelten Bauklötze übereinander. Anwesend waren etwa sechs Frauen, ihre Babys und kein Vater. Die Teilnehmerinnen wirkten anders als jene, die zu einem vergleichbaren Kurs in einer reicheren Gegend gegangen wären. Weniger schick, weniger sendungsbewusst. Die Babyausstattung kreischte nicht so unüberhörbar, von welchen Labels und wie teuer sie war, das heißt: Das How-to-be-a-perfect-mom-Thema war zwar da, aber nicht so laut. In einem Stadtteil, in dem viele Menschen mit Migrationshintergrund lebten, waren nur Frauen dabei, die superdeutsch aussahen. Kleider von Esprit und H&M, wenig Schminke, ein bisschen alternativ. Durchschnittlich wirkende Frauen, eher mit Studium als ohne. Sie waren die Ankündigung dafür, dass sich in der Gegend irgendwann mal etwas ändern würde, langsam zwar, aber die Mieten wurden schon teurer.

Bereits vorher hatte ich gewusst, dass ich Schwierigkeiten damit haben könnte, mich in der Krabbelgruppe zu integrieren. Ich hatte mir deswegen vorgenommen, als offener, sympathischer Mensch ohne Vorbehalte in Erscheinung zu treten. Ich wollte keine schlechten Vibes ausstrahlen, denn vielleicht lernte ich ja jemanden kennen. Jemand aus unserer Gegend. Aber dann war ich schlicht schockiert von der Art der Ansprache, von der Bekloppheit der Liedtexte und dem Gefühl, dass man mit mir sprach, als sei ich ein Baby (was doch sichtbar falsch war. Ich war kein Baby, ich hatte eines). Dennoch gab ich mir Mühe. Ich machte mit, musste aber immer wieder lachen, weil ich mir vorstellte, dass statt der sechs Frauen ihre Männer dort säßen und diesen Blödsinn reden müssten. Oder jene Männer aus den Führungsetagen, von denen man immer wieder las. Ich stellte mir vor, wie sie im Kreis säßen und »Heute wollen wir spielen, heute wollen wir spielen, groß und klein, oh, wie fein« sängen. Diese Vorstellung war vollkommen grotesk und sie zeigte, wie selbstverständlich es ist, dass Frauen tun, was sie tun. Sie sind dafür zuständig, an Vormittagen idiotische Sachen zu singen und zu sagen. Sie tun es und haben damit entweder kein Problem. Oder sie denken sich, so ist das nun mal, wenn man ein Kind hat, mit einem Kind macht man Dinge, die man mit Kindern macht, mit einem Kind muss kindgerecht gesprochen werden. Das ist absolut richtig, aber daraus muss nicht folgen, dass man auch mit Frauen kindgerecht spricht. Es geht hier nicht um eine Kritik der Krabbelgruppe, Krabbelgruppen sind ohne Frage eine sinnvolle Institution. Es geht um die Feststellung, dass Frauen in der Logik der männlichen Führungsetagen allgemein langweiligere, weniger wichtige, spannende und anspruchsvolle Dinge tun, und dafür ist der Krabbelgruppen-Flavour und wie wenige Männer dort sitzen nur ein weiteres Beispiel. Denn diese selbstverständlich infantilisierende Art der Mami-Ansprache (nicht nur in Krabbelgruppen, sondern auch im Fernsehen, Internet, Supermarkt und in Büchern) macht etwas mit Frauen, insbesondere wenn sie in einer Zeit wohnen (der Elternzeit, irgendwann back in den 50ern), in der es kein Draußen und also auch keine Bestätigung von dort gibt. Und so glauben vermutlich nicht nur die Männer aus den sogenannten Führungsetagen, dass Frauen für weniger anspruchsvolle Tätigkeiten zuständig sind, die Frauen glauben es auch selber. Das ist es, was es mit ihnen macht.

Mein Freund und ich nahmen den Termin im Wechsel wahr. Ich musste lachen, wenn ich daran dachte, wo er war und was er machte, aber er tat mir auch sehr leid. Kam er nach Hause, sagte er jedes Mal, dass er dort nie wieder hingehen würde, und dafür liebte ich ihn. Ich liebte ihn auch, weil er dort hinging. Die Zumutung, der er sich aussetzte, wenn er auf dem Boden saß und sang, erschien mir dabei ungleich schlimmer als meine eigene Krabbelgruppenzumutung. Der Termin war für sich genommen eine Zumutung, aber ich fand ihn noch unzumutbarer, wenn ich wusste, dass ein Mann, mein Freund, ihn wahrnahm.

Aber du musst doch nicht hier sein, dachte ich mir, wenn ich ein schlechtes Gewissen hatte, weil ich während des Unterrichts dagesessen, mir die absurdesten Sätze notiert und sie meinem Freund geschickt hatte. Aber alle gingen zu irgendwelchen Krabbelterminen, also hatte ich mir ebenfalls einen Krabbeltermin gesucht. Diese Logik wirkt nicht besonders erwachsen. Erwachsen fand ich mich allerdings auch nicht, wenn ich mir in den Momenten zusah, in denen ich versuchte, alles so richtig wie möglich zu machen, und mich dabei ängstlich umsah und die anderen beobachtete. Ich sah dann zu meinem Baby und dachte:

Wenn du wüsstest, wie wenig ich weiß, wo es langgeht. Verstehst du, ich tue hier die ganze Zeit nur so. Wenn du wüsstest, wie viel Angst ich habe. Hatten die anderen auch Angst?

Hätten wir nicht zur gleichen Zeit Kinder bekommen, wären wir uns nicht begegnet. Denn wir kamen aus zu unterschiedlichen Milieus, wir hatten Berufe, die nichts miteinander zu tun hatten, unsere Codes sortierten sich gegenseitig aus. Nun aber saßen wir hier, und es verband uns doch eine ganze Menge. Was wir während der Tage und Nächte machten, verband uns, und was wir googelten, wenn unsere Kinder schliefen.

Außerdem verband uns, dass wir einander ganz genau abcheckten. Wir beobachteten uns gegenseitig, abwartend und aufmerksam. Die Gespräche waren vorsichtig, so, als befürchte man, zu viel zu verraten. Und dann schmeckte dieser Raum mitunter sehr streng.

Ich wusste, wer welche Feuchttücher benutzte und dass es Frauen gab, die es einen Skandal finden würden, dass hier teilweise mit Feuchttüchern gearbeitet wurde, weil die irgendwelche Zusätze enthalten. Ich wusste, dass außer einer Mutter alle die Windeln kauften, die am teuersten waren. Du hast offenkundig nicht mehr alle Tassen im Schrank, sagte ich mir dann, was gehen dich die Feuchttücher anderer Leute an? Aber ich guckte weiter. Ich wusste, wer schon abgestillt hatte. Ich wusste, dass eines der Babys nachts so häufig aufwachte, dass seine Mutter überlegte, nicht mehr zu stillen, und dass sie deswegen schon jetzt ein schlechtes Gewissen hatte. Ich sagte in die Schneidersitzrunde, natürlich, hör auf zu stillen, und dann schwiegen kurz alle, und irgendwer wies mit gesenktem Blick darauf hin, dass stillen schon sehr wichtig sei, und dann sagte eine andere Frau mutig, dass das natürlich jeder selber wissen müsse, auch wenn stillen, ja, sehr, sehr wichtig sei, keine Frage, und so hatte vermutlich nicht nur die Frau mit dem wachen Baby, sondern auch ich das Gefühl, wir gehörten ins Gefängnis. Ich wusste, dass die meisten den Brei für ihre Babys selber kochten und dass ich es nicht tat. Ich studierte, welche der Mütter besonders gestresst wirkte, und wenn eine die Frechheit besaß, entspannt zu sein, unterstellte ich ihr, dass sie nur so tue, und fragte mich, warum ich so angestrengt war und was mit mir nicht stimmte.

Mir ist bewusst, dass ich den anderen unterstelle, dass wir uns gegenseitig beobachteten, und natürlich kann ich nicht mit Sicherheit sagen, ob mein Gefühl richtig war. Ich kann nur sagen, dass andere Frauen, mit denen ich gesprochen habe, mir oft erzählten, dass sie den gleichen Eindruck gehabt hätten, wenn sie in ähnlichen Situationen waren. Und so sitzen vermutlich viele Frauen in diesen Gruppen (oder auf Spielplätzen, in Kindercafés, in Wartezimmern) zusammen und beobachten sich gegenseitig, weil sie glauben, man beobachte sie. Sie sitzen mit anderen Müttern zusammen und tauschen sich über ihre Beobachtungen anderer Mütter aus und wie unmöglich sie sind. Zu berufstätig, zu wenig berufstätig, over-protective, nicht protective genug und so weiter, und das schreiben sie dann über die Kommentarfunktion unter die Artikel irgendwelcher Mütter-Blogs, die unmöglich mit ihnen reden.

Es war also nicht nur meine Krabbelgruppe, die Augen hatte, auch das Internet konnte mich sehen. Meine Timeline wusste, was ich brauchte, und so bekam ich ständig irgendwelche Blogs und Mütter und Babys und Babywippen vorgeschlagen, mit denen ich mich vergleichen konnte. Die

Möglichkeit, sich so schnell und umfassend informieren zu können, ist ohne Frage fantastisch, aber sie bedeutet eben auch, dass man ungleich mehr Entscheidungen treffen muss, etwa sich dafür nicht komplett infrage zu stellen, wenn man etwas anders macht als die anderen, beziehungsweise andere nicht abzuurteilen, wenn sie andere Entscheidungen treffen als man selbst, was im Grunde das Gleiche ist. Die Möglichkeit, sich im Internet zu informieren, bedeutet, dass man jene Entscheidung bis zu hundertmal am Tag treffen muss. Mir gefiel diese obsessive Selbst- und Mütterbewertung nicht, ich hielt sie für falsch. Das aber ist keine besondere Abstraktionsleistung, wahrscheinlich würde dem vorherigen Satz jeder zustimmen, und so liest man ja auch immer wieder sogenannte Zwischenrufe mit Titeln wie »Wir müssen endlich damit aufhören, uns gegenseitig fertigzumachen!«, in denen die Entscheidungsfreiheit jeder Mutter betont wird.

Aber man bewertet ja nicht, weil man denkt, das sei notwendig oder richtig. Man tut es, weil man Angst hat, falsch zu sein. Man tut es, weil man unsicher ist und sich, indem man andere abwertet, darüber versichern kann, dass man richtig ist. Ich weiß nicht genau, woher diese fundamentale Unsicherheit kommt. Ein wichtiger Aspekt ist sicher, dass eine traditionell stark aufgeladene und überhöhte Rolle, die Mutterrolle, mit dem Anspruch zusammenknallt, dass diese Mutter auch beruflich erfolgreich sein sollte. Weil dieses Modell erst seit relativ kurzer Zeit ausprobiert wird, gibt es dafür natürlich noch nicht so viele Beispiele, und darüber hinaus spielen in dieser modernen Mutterversuchsanordnung eben auch Kinder eine zentrale Rolle. Kinder, deren Wohlergehen einen speziell sensiblen Nerv im Mutterkopf anspricht, der folglich leicht zu irritieren ist.

Und vielleicht bedingt dieser komplexe und lange währende Umbruch eine Art mütterliche Identitätskrise, die sich vor allem in ängstlichen Seitenblicken äußert. Der Bewertungssport könnte zudem dadurch beschleunigt werden, dass erstens pausenlos irgendwelche Experten erklären, wie es richtig geht, und dass sich zweitens nahezu jeder von dem Mutterthema angesprochen fühlen und sich dazu äußern kann (alle haben Mütter, haben gute oder schlechte Erfahrungen gemacht, haben eine Idee davon, wie es wäre, wenn es perfekt wäre). Und dadurch kann dann das Gefühl entstehen, man werde als Mutter permanent beobachtet.

Dass man so unsicher ist, wird jedenfalls dadurch verstärkt, dass man täglich verschiedenen Müttermodellen (Arbeitsmodelle, Erziehungsmodelle, tatsächlich: Lebensmodelle) dabei zusehen kann, wie sie perfekt zu funktionieren scheinen. Man geht mit dieser Situation um, wie man seit jeher mit Situationen umgeht, die man im Internet sieht. Man liked sie oder nicht, man liked nicht nur im Internet, man tut es auch in der Krabbelgruppe. Das heißt, man bewertet auch, weil das eben ist, was man als moderner Mensch tut. Sicher hat man das auch schon lange vor dem Internet getan, nur ist dieses Bewertungsthema dadurch ungleich sichtbarer, genau wie die unterschiedlichen Seinsformen und Verhaltensweisen, zwischen denen man wählen kann. Und da man in jener Zeit, die man sich nahezu ausschließlich mit dem Baby beschäftigt, auch ausschließlich auf diesem Feld etwas vorzuweisen hat und Berufliches wegfällt, wird der Drang zur Mütterbewertung noch verstärkt (wobei man hinzufügen muss, dass es die Figur der Mutter betreffend einen ganz speziellen Bewertungsfetisch gibt, doch dazu gleich).

Wirklich crazy war jedoch, dass ich nicht nur das Gefühl hatte, dass wir einander observierten, sondern dass auch die Babys überwacht wurden. Ich meine, es wurde sich zu Beginn der Stunde präzise und ausgedehnt darüber ausgetauscht, welches Baby was konnte. Manche Mütter waren besorgt, wenn ihr Baby noch nicht krabbelte. Sie waren vollkommen verrückt danach, ihren Kindern dieses Krabbeln beizubringen. Auch ich wurde einmal nachdenklich, weil mein Kind irgendetwas nicht tat, was aber alle anderen taten. Was sich damit in meinem und dem Kopf der anderen Mütter vollzog, ist naheliegend: Das Kind funktionierte als eine Art Erweiterung des angeschlagenen Selbst, das in jener Zeit einzig auf dem Babyfeld reüssieren konnte und somit an sich zu zweifeln begann, wenn das Baby noch nicht konnte, was es laut Tabelle können sollte.

Es sind aber nicht nur die Mütter, die sich gegenseitig bewerten, um selber richtiger zu sein. Sie tun es in einer Gesellschaft, die verrückt danach zu sein scheint, Mütter zu idealisieren oder zu beleidigen. Die Figur der Mutter ist entweder ein reiner, heiliger Übermensch, nämlich ein Mensch, der Leben schaffen kann und somit eine direkte Verbindung zum Göttlichen hat. Ein fortwährend selig lächelnder Mensch mit reiner Haut und weißer Bluse, der erleuchtet ist, weil er (sie natürlich) durch seine Mutterschaft zu höherer Einsicht gelangt und dem Glück begegnet ist. Ein Mensch, den man schützen muss, weil er die Zukunft der Nation unter dem Herzen trägt. Die Mutter wird somit gedacht als die Personifikation des Guten, als aufopferungsvolles, trostspendendes Wesen, in dessen Schoß man sich werfen kann, wenn der Kapitalismus (der Chef oder der Krieg) mal wieder besonders böse war. Man sieht sie in der Werbung oder auf Instagram, man begegnet ihr in Gestalt zuversichtlich strahlender Menschen, die gerade erfahren haben, dass ihre Kollegin X schwanger ist.

Als solches Wesen zu bestehen ist extrem unwahrscheinlich, und die Menschen sind heute in der Regel zu informiert und mit kontaminierten Vokabeln zu vertraut, um ihre Idealmutter auf diese Weise zu beschreiben. Dass es diese Übermutter als Bezugsgröße in den Köpfen dennoch weiterhin gibt, wird eher an dem Furor deutlich, mit dem Mütter regelmäßig abgeholt werden. Die Bloggerin und Autorin Andrea Harmonika hat in einem im Juni 2017 veröffentlichten Text aufgeschrieben, welches Presseerzeugnis sich auf welche Weise veranlasst sah, Müttern zu erklären, was an ihnen falsch ist. Es waren wirklich viele (*Der Spiegel, Spiegel Online, Huffington Post, taz, Stern, Bild, Bunte, Inside, Shape, Emma, Focus, Tagesanzeiger, Welt, FAZ*), es waren eigentlich alle.

Tatsächlich, so Harmonika, hätten Mütter eine ungewöhnlich hohe mediale Präsenz. Ich habe keine Zahlen gefunden, die diesen Befund belegt hätten, hätte ihm aber sofort zugestimmt, was wohl darauf hinweist, dass vor allem Mütter das Gefühl haben, dass sie eine ungewöhnlich hohe mediale Präsenz hätten. Denn vermutlich hat jede irgendwie zusammenfassbare gesellschaftliche Gruppe gegenwärtig gefühlt eine ungewöhnlich hohe mediale Präsenz, weil mediale Repräsentation ganz grundsätzlich gestiegen ist. Fest steht jedoch, dass über die Frage von Vereinbarkeit und Familie und über irgendwelche Karrierefrauen und dass sie trotzdem Kinder haben etwa von den genannten Presseerzeugnissen regelmäßig geschrieben wird. Fest steht, dass Äußerungen zum Thema Mutterschaft und allem, was damit zusammen hängt, regelmäßig engagiert diskutiert werden. Harmonika behauptet in ihrem Text, dass Mütter als eine Art Feindbild funktionieren, mit dem Klicks generiert würden. Gehasst würden die mit der unerträglichen Wortschöpfung bedachten »Latte-Macchiato-Mütter«, die »Sofitie-Mütter« und die »Helikopter-Mütter«. Liest man die von Harmonika gesammelten Pressebeispiele, so ergibt sich folgendes Bild: Mütter holen überall ihre Brüste (hihi) raus, sie haben immer viel zu viel dabei, ihre Kinderwagen sind zu groß, und sie wollen dauernd Verständnis. Ihre Körper sind eine Zumutung und eigentlich nie zum vereinbarten Zeitpunkt wieder in shape. Sie nerven mit ihrem Gesundheitswahn und ihren Reiswaffeln, sie nerven, weil ihnen die Ernährung ihrer Kinder egal ist und sie keine Zeit mehr haben zu kochen (zu viel Wellness und Instagram). Sie sind unmöglich, weil sie nicht arbeiten, in Teilzeit arbeiten, zu viel arbeiten und weil sie nicht an ihre Rente denken oder an nichts anderes als ihre Rente denken. Sie sind Schweine, weil sie für einen Rollen-Backlash verantwortlich sind und ihr Mann das Geld verdient, sie sind Schweine, weil sie ihre Kinder noch vor der Geburt in die Kita stecken. Egal, was sie machen, sie sind ein Schwein, sie sind eines der zentralen Schweine Deutschlands, wenn man so will.

Liest man die in Harmonikas Text angeführten Artikel, fällt auf, dass es sich bei ihnen vor allem um jene Mütter handelt, die dem Milieu angehören, aus dem heraus vorwiegend publiziert wird, also dem akademischen, urbanen Milieu, das sich naturgemäß am meisten für sich interessiert und sich auch am leidenschaftlichsten selbst hasst. Dabei wird am Beispiel der Mutter die Frage verhandelt, wie das gute Leben innerhalb dieser exklusiven Gruppe heute aussehen soll und vor allem, wer mit seiner Annahme darüber recht hat. Es geht also um sehr Grundsätzliches: Sind Kinder eine gute Idee oder nicht? Wenn ja, wo wohnt man mit ihnen und wie? Was ist Geschlechtergerechtigkeit und wie kann sie funktionieren? Was ist eine Frau heute, was ein Mann? Wie erzieht man Kinder? Wie können zwei hochindividualisierte Menschen es unter hochindividualisierten Umständen überhaupt schaffen, ein Kind zu haben und eine Beziehung zu führen? Sollten hochindividualisierte Menschen grundsätzlich abgeschafft werden? Wie geht man damit um, dass man die genannten Themen so unglaublich perfekt auf die Reihe kriegen will? Und schließlich: Wie ekelhaft sind wir (wobei an dieser Stelle dann natürlich eher von den anderen die Rede ist), die Mitglieder dieses Milieus, dass wir in dem Luxus leben, all diese Fragen überhaupt verhandeln zu können, während andere ganz andere Sorgen haben? Wie ekelhaft sind wir, dass es uns trotz des relativen Wohlstands nicht gut geht? Der Selbsthass, der in diesen Fragen enthalten ist, zeigt sich immer wieder, etwa wenn zum tausendsten Mal das Ressentiment gegen die sogenannten Latte-Macchiato-Mütter aufgerufen wird, oder wenn Dinkelstangen und Bioessen gehasst werden als Ausweis von Dekadenz und Schrebergartenmentalität, als Chiffre für Gentrifizierung und bornierte Hipness. Das bewusste Milieu stellt sich also schließlich die in Teilen etwas pubertär wirkende Frage, wie spießig es in Wahrheit ist, getriggert wiederum durch den tief sitzenden, etwas links-pubertären Abwehrreflex gegen so etwas wie Bürgerlichkeit.

Die Verhandlungsteilnehmer haben eine Menge zu verlieren und kämpfen deswegen erbittert. Sie konkurrieren um die Frage, wer die genannten Lebensfragen für sich am besten beantwortet hat, wobei die zentrale Kategorie das Glück ist. Das eigene Glück, für das man heute, so die gegenwärtig verbreitete Annahme, ganz alleine verantwortlich ist. Das ist die Challenge. Einmal traf ich eine alte Freundin nach vielen Jahren auf einem Spielplatz. Beide hatten wir inzwischen Kinder. Wir sprachen darüber, wie wir uns die Aufgaben mit unseren Männern teilten und welcher Bezirk der beste zum Wohnen sei. Ich sagte ihr, dass ich bald wieder voll arbeiten würde, sie erzählte, dass das bei ihr noch nicht gehen würde, dass sie es aber ohnehin besser fände, so lange wie möglich bei dem Kind zu Hause zu sein. Schließlich sagte sie mir, dass ich nicht besonders glücklich aussehe. Auf dem Nachhauseweg hatte ich ein schlechtes Gefühl. Ich verstand erst später, dass ich ihre Aussage über mein Glück wie ein Urteil über meine bisherige Lebensleistung aufgefasst hatte. Dagegen hatte sie sich vielleicht falsch gefühlt, weil sie nicht arbeitete, und musste mich aus diesem Grund irgendwie zurückverletzen.

Das Spannungsfeld, in dem das Glücksthema verhandelt wird, wirft die genannten Fragen auf (Geschlechtergerechtigkeit, Arbeit, Wohnen, Erziehung), und die Figur der Mutter funktioniert dabei als eine Art Messgerät für gesellschaftliche Zustände. Anhand der Frage etwa, ob man sich eine Geburt ohne Schmerzmittel reinzieht, oder ob man sich entscheidet, seine Kinder auf eine Schule zu schicken, auf die hauptsächlich Akademikerkinder und wenige mit schwarzen Haaren gehen, werden ganz andere Themen verhandelt, und zwar mitunter sehr ideologische (Zurück zur Natur vs. Entfremdung, soziale Ungerechtigkeit vs. kapitalistischer Superegoismus). Dabei handelt es sich nicht um geschlossene Denksysteme, aber die Beteiligten geben sich wirklich große Mühe, ihre Ansichten so gut wie möglich abzudichten – und das müssen sie auch, denn das Schreckliche an diesem Kapitalismus ist nun mal, dass man die Wahl hat. Das ist beängstigend, und aus diesem Grund wollen die Menschen ihre Sicht an den Umständen festnageln. Sie wollen ihr Selbstbild und wie es sich in der Welt spiegelt fixieren, weil sie befürchten, sonst zu straucheln. Sie befürchten, die falschen Entscheidungen getroffen zu haben.

Hat man Kinder, nimmt man mehr und sichtbarer an der Gesellschaft teil als vorher. Man ist auf sie angewiesen. Man mischt sich in bestimmte Fragen ein, weil sie das Leben des eigenen Kindes betreffen werden, das unter anderem als Zukunft und Rente dieses Landes gedacht ist. Hinzu kommt, dass die Mütter, von denen die Zeitungen besonders genervt sind, vermutlich auch ein relativ hohes Sendungsbewusstsein haben. Das haben aber nicht nur sie, das Milieu, aus dem sie kommen, ist ein tendenziell sendungsbewusstes. Dort versammeln sich Menschen, die Dinge häufig als Erste tun, Menschen mit einem hoch entwickelten Bewusstsein für alles Mögliche (Gesundheit, Technologie, Politik, Wohnen etc.). Sie wollen zeigen, wer sie sind, was sie haben und wie sie es machen. Wenn sie Eltern werden, schaffen sie eine Elterninfrastruktur (Eppendorf, Schwabing, Prenzlauer Berg), die noch mehr Eltern anzieht, und in der Elterninfrastruktur sitzen dann meistens Mütter und werden sichtbarer. Sie sitzen da und trinken Kaffee und werden Latte-Macchiato-Mütter genannt (selbst wenn sie aktuell gar nicht vorhatten, ein neues Kindercafé zu eröffnen). Das heißt: Das Sendungsbewusstsein trifft mit großer Wahrscheinlichkeit überhaupt nicht auf alle Mütter zu, sie werden nur als Teil des Nervige-Mütter-Kollektivs mit den schicken Kinderwagen identifiziert, weil sie, na ja, ein Kind und einen schicken Kinderwagen haben und vielleicht eine Sonnenbrille tragen, die aussieht, als sei sie von Tom Ford oder Mykita. Sie sind also, allein wegen des Babys, das sie dabeihaben, und des vielen Platzes, den sie einnehmen, sofort erkennbar, und dann sind sie natürlich inzwischen auch noch so frech und verlassen dauernd das Haus. Sie sind ungleich häufiger auf den Straßen zu sehen als Männer, weil sie es sind, die sich überwiegend um die Kinder kümmern. Sie sind somit ein sehr präsentes und leicht identifizierbares Feindbild, an dem man sich abarbeiten kann, um festzustellen, wer man ist und vor allem: wer man nicht sein will (spießig, gebunden, langsam, besorgt, angestrengt, müde etc.). Dieses Feindbild nervt, und das ist auch seine Aufgabe.

Der Job der Mütter, könnte man meinen, ist es also zu nerven (und nicht erst seit gestern, sie haben uns, als wir klein waren, doch eigentlich ununterbrochen genervt beziehungsweise: nerven müssen, und vielleicht sind sie dieses Image dann einfach nie wieder losgeworden. Sie haben uns genervt, bis unsere Väter endlich von der Arbeit nach Hause kamen, die ihrerseits ebenfalls von unseren Müttern genervt waren, weil die ständig wollten, dass sie aufräumten und da waren und Dinge erledigten. Unsere Väter traten nach der Arbeit kurz als unsere Väter in Erscheinung, und manchmal gab es auch Geschenke, weswegen sie uns zwar nicht näher waren, aber doch immer das coolere Image hatten. Und ich habe mich, diesen Gedanken denkend, regelmäßig gefragt, ob er nicht Ausdruck eines tiefer liegenden Grunds für Ressentiments gegenüber Müttern ist, wobei ich nie sagen konnte, ob ich diese Idee nun vor allem zum Lachen oder nicht auch schlüssig fand. Denn im Kern bedeutet dieser Gedanke: Mütter nerven, weil sie schon als wir klein waren dauernd gemeckert und rumgestresst haben, was unsere Väter im Übrigen genauso sahen, die sie dann als hysterisch und anstrengend bezeichneten und somit das Stereotyp der nervigen, aufgeregten Mutter halfen fortzuschreiben).

Doch zurück zur Gegenwart und den Gründen, aus denen Mütter andere erwachsene Menschen nerven. Mütter nerven, weil sie dauernd Hilfe brauchen und dabei auch noch so streng gucken. Sie nerven, weil sie laute Kinder haben. Sie nerven, weil sie irgendwo mit dem Kinderwagen durchmüssen und dabei Stühle und Menschen anrempeln. Sie nerven, weil sie nicht so schnell sind wie die anderen, die dringend vorbeimüssen. Sie nerven, weil sie nur von sich und ihrem Leben mit Kindern reden und sich nicht vorstellen können, dass es andere Menschen gibt, die anders leben. Sie nerven, weil sie ständig besorgt sind. Sie nerven, weil es komplett unmöglich ist, sich mit ihnen zu verabreden. Sie nerven, weil ihre Kinder ständig krank sind und sie bei der Arbeit entweder komplett fehlen oder früher gehen müssen. Und natürlich sind die eben gesammelten Nerv-Beispiele allesamt unüberprüfbare Annahmen und Projektionen, woraus – ebenfalls kaum zu verifizieren, außer durch meine eigene Wahrnehmung – folgen könnte: Mütter nerven auch, weil sie merken, dass sie nerven, und darauf offensiv genervt reagieren. In der Überzeugung, dieser Gesellschaft zur Last zu fallen beziehungsweise zu nerven, gehen sie auf die Straße und verteidigen sich, bevor überhaupt jemand angegriffen hat, und das nervt. Sie nerven, weil sie davon genervt sind, wie sie annehmen gesehen zu werden. Zumindest ich (und mit mir die Frauen aus meinem Girlsclub) glaubte an manchen Tagen, auf genau diese Weise zu funktionieren, also die Genervtheit der anderen darüber, dass ich mich wie ein Hindernis fühlte, zu antizipieren, ohne sie wirklich beweisen zu können. Von Beweisen zu sprechen ist in diesem Zusammenhang allerdings auch recht schwierig und wenig sinnvoll.

Aber vermutlich nerven Mütter tatsächlich. Sie nerven genauso wie Väter, aber die sind eben eher bei der Arbeit und können deswegen nicht so sehr als Väter, die nerven, in Erscheinung treten, und wenn sie es tun würden, dann würden sie auch gehasst werden, nur anders und vielleicht nicht so stark. Mütter nerven, Väter nerven, Schulkinder nerven, Leute, die laute Musik hören, nerven, Leute, die etwas gegen laute Musik haben, nerven, Ossis nerven, Wessis nerven, Türken nerven, Leute auf Koks nerven, Fahrradfahrer nerven, wenn man Autofahrer ist, Autofahrer nerven, wenn man Fahrradfahrer ist, und so weiter. Alle Menschen, die man unter bestimmten Gesichtspunkten zu einer gesellschaftlichen Gruppe macht und denen man damit zwangsläufig unrecht tut, nerven. Sie nerven aus unterschiedlichen Gründen und in unterschiedlichem Ausmaß, was auch davon abhängt, in welcher Lebenssituation sich der Genervte gerade befindet. Dass Menschen nerven, ist allerdings auch ein bisschen der Deal einer freiheitlich-demokratischen Gesellschaft: Alle dürfen bis zu einem gewissen Grad nerven.

Die manifeste Angst die Frage betreffend, wie man richtig lebt, zusammen mit der verstärkten gesellschaftlichen Präsenz von Müttern ist aber nur ein Aspekt des Hasses auf Mütter. Ein weiterer und wesentlich tiefer liegender Grund ist Misogynie. An dieser Stelle muss man sich wieder an die heilige Mutter Deutschlands erinnern. Sie ist nicht nur perfekt und übermenschlich, sie gehört auch dem ganzen Land, dessen Kinder sie großzieht. Und so ist es nur verständlich, wenn jeder glaubt, ihr sagen zu können, was sie falsch macht. Die heilige Mutter kann nur verlieren, weil sie so unglaublich gut ist. All jene Mütter, die konkret auf der Erde der bekannten Viertel der Großstädte Deutschlands anzutreffen sind, schaffen es trotz intensiver Bemühungen nicht, ihr gerecht zu werden. Ein entscheidender Fehler, den Deutschlands Mütter in jüngster Zeit wohl begangen haben, ist, dass viele von ihnen arbeiten gehen. Davon hat man sich bis heute nicht erholt, und da muss man dann vielleicht einfach etwas genauer hinsehen und aufpassen, denn diese Mütter haben ihr Versprechen nicht gehalten, ausschließlich Mütter, und zwar heilige, zu sein. Nun gehen sie also arbeiten und behaupten, sie würden *Kinder und Karriere* unter den sogenannten *Hut* bekommen (behaupten sie das eigentlich wirklich?), und dann wollen wir doch mal sehen, ob ihnen das wirklich gelingt. Wir wollen es überprüfen, nicht nur weil Frauen sich einbilden, sie würden diesen sogenannten *Spagat* schaffen, sondern auch, weil sie sich einbilden, dass sie überhaupt etwas können! Abgesehen davon, dass Deutschlands Kinder in ihrer Obhut sind und ihre Mütter mit einer ungeheuren Macht ausgestattet sind, die kontrolliert werden will! Da ist es doch als Deutschland unsere Pflicht, nach dem Rechten zu sehen. Da sehen wir die ganze Zeit hin!

Die erstens sichtbare (sie sitzt einfach nicht mehr unsicht-bar zu Hause, dieses Miststück, sie sitzt jetzt auf der Straße und trinkt Kaffee) und zweitens arbeitende Mutter hat eine Irritation bewirkt, von der sich die Gesellschaft offenbar bis heute nicht erholt hat. Dieser Mutter ist nicht zu trauen, diese Mutter muss observiert werden. Man traut ihr aller-dings nicht nur die Aufzucht der deutschen Babys betreffend nicht. Man traut ihr ganz grundsätzlich nichts zu, ganz wie sich das für Frauen gehört. Das ist das Problem dieser Mutter, und ihre Überwachung ist nur ein weiterer Beweis dafür. Sie ist die öffentliche Dokumentation ihres Schei-terns und fordert nach noch mehr Überwachung. Denn mit jemandem, der so offiziell überfordert und inkompe-tent ist, muss man eben gelegentlich ein paar deutliche Worte sprechen, und das tun die Zeitungen, das Fernsehen, das Internet und die Leute auf der Straße. Sie sind sich einig und sagen: »So geht es nicht, liebes Fräulein!«

Nun habe ich bisher vor allem über die Maßregelung der Mutter geschrieben, die arbeitet. Es werden aber auch Mütter gemaßregelt, die nicht arbeiten. Der Vorwurf, for-muliert zum Beispiel von Bascha Mika, lautet, dass sie feige, faul und zu zaghaft seien und dass sie es sich auf Kos-ten ihrer Männer bequem machten. Schließlich sollen alle arbeitsfähigen Individuen gleichermaßen unter ihren Scheißjobs leiden. Vermutlich ist dieser Vorwurf mitunter tatsächlich von so etwas wie Missgunst und Neid motiviert. Jedenfalls wird er in einer Zeit formuliert, in der es als mo-dern und richtig gilt, wenn Frauen arbeiten (wow!), nicht zuletzt, weil es ein politisches Interesse daran gibt. Der Bitch-arbeite-Vorwurf bildet somit auch eine gegenwärtig angesagte Haltung ab und ist nur eine erwartbare, den Ge-setzen des dialektischen Hin und Hers folgende Reaktion.

Die Vertreter dieses Vorwurfs glauben zwar, sie seien fortschrittlich, bedienen aber ein klassisches und letztlich misogynes Ressentiment, nämlich das der faulen höheren Tochter (oder Prinzessin), die sich nicht die Finger schmutzig machen will. Schließich verdeutlicht die Existenz der Empörung über Frauen, die zu Hause bleiben, ein weiteres Mal, was von morgens bis abends deutlich wird: Die Annahme, dass man Frauen maßregeln muss, und dass man von ihnen eigentlich nicht besonders viel hält. Ganz egal, was sie machen. Und so könnte man noch sämtliche Müttervorwürfe auseinandernehmen und würde immer das entsprechende jahrhundertealte Ressentiment finden, und dann wäre man aber noch nicht fertig, denn die Frauen ohne Kinder sind ja auch noch da. Und so wird man immer wieder zu dem gleichen Ergebnis kommen. Frauen sind ein Problem. Sie sind gefährdet (labil, schwach, irrational, emotional, bluten komisch, mysteriös, können hexen, aber nicht LKW fahren, bekommen Babys und können nicht verhandeln, aber total gut aufräumen und Milch produzieren, die so komisch sexuell aus ihren Brüsten raustropft, das ist superunheimlich und gar nicht steril) und sie sind gefährlich. Sie kriegen sich alleine irgendwie nicht so richtig auf die Reihe, und deswegen muss man auf sie aufpassen, man muss ihnen sagen, was sie tun sollen, diesen Unberechenbaren, ja, man muss sie im Griff (in ihrem Haus, in ihrem Teilzeitjob, im Niedriglohnsektor) behalten. Man muss dafür sorgen, dass sie nicht auf Ideen kommen, die nicht nur für sie, sondern auch alle anderen bedrohlich werden, ja, man muss da wirklich auf der Hut sein, sonst bleibt am Ende nichts mehr, wie es war.

Möglicherweise ist es naiv, aber ich halte es für unwahrscheinlich, dass die Mehrzahl der Menschen, sagen wir

Deutschlands, die vorherigen Sätze tatsächlich aktiv denkt (ich hoffe es, wissen kann ich es natürlich nicht). Dagegen halte ich es für sehr wahrscheinlich, dass die Gewohnheit, Frauen klein zu machen, sie zu kontrollieren und zu maßregeln, auf alte und meist unbewusste Annahmen und Ängste zurückgeht. Annahmen, die nicht über sich selbst Bescheid wissen, die aber wieder und wieder exekutiert werden, bis sie eine Realität sind, die man nicht mehr infrage stellt und die man schließlich nicht einmal mehr benennen kann.

Auch ich begegnete den Annahmen, aus denen die Wirklichkeit, die ich bewohnte, gebaut ist, erst in ihrer ganzen Härte, als ich ein Kind hatte. Vorher wusste ich, dass es sie gab, aber sie hatten keine Konsequenzen für mich gehabt.

21

Auf den Straßen liegt der Dreck, und die Häuser haben dreckige Münder. Das ist so, weil die Menschen, die sie bewohnen, dort ein und aus gehen und ihren Dreck einfach fallen lassen; das ist so, weil ihnen die Häuser, die Straßen (und vielleicht auch sie selbst) egal sind. Die Münder der Menschen sind oft kaputt. Das Essen, mit dem sie befüllt werden, ist billig, gesunde Zähne sind teuer. Man braucht dafür Wissen, man muss sich wichtig sein, es darf einem nicht egal sein, was andere denken. In ärmeren Gegenden gehen die Menschen unten durch diese Vormittage, sie gehen da unten an Häuserwänden und Dreck vorbei. Sie gehen da zu dieser Zeit, weil sie kein Auto und keine Arbeit haben. Die Menschen hinter der Grenze (geputztes Glas, ohne Zuckerzusatz, wie darf ich Ihnen helfen?) sehen sie nicht. Die Menschen aus den unteren Vormittagen sehen nur Menschen, die aussehen wie sie selbst und die haben genug mit sich zu tun. Sie und ich, wir steigen durch die Niederungen des Alltäglichen und atmen die eigene Egalheit. Die Menschen aus den unteren Vormittagen werden durch den Dreck der anderen beleidigt, und sie beleidigen mit Dreck zurück. Ich hasse es, ich kann den Dreck nicht mehr sehen, ich schmeiße jetzt auch damit.

Ging ich mit dem Baby durch die Straßen unserer Gegend, dachte ich diese Sätze in unterschiedlicher Abfolge immer wieder und erschreckte mich, weil es Sätze waren, die auch Travis Bickle gedacht haben könnte, der Protagonist aus *Taxi Driver*, der mit dem dreckigen New York der Siebzigerjahre und seiner gesellschaftlichen Verrohung nicht zurechtkommt und schließlich zu hassen beginnt. Er will Sauberkeit und Ordnung, und er hasst irgendwann so sehr, dass er ein Blutbad anrichtet. Zwar hatte ich das zu keinem Zeitpunkt im Sinn, aber ich hätte verstanden, wenn jene Menschen, denen ich auf der Straße begegnete und die immer wieder erfuhren, dass sie keinen Unterschied machten, irgendwann die Nerven verloren hätten (was sie ja gelegentlich auch taten, aber es war ein einsames Durchdrehen, ein Durchdrehen ohne Folgen). Ging ich an ihnen vorbei, fragte ich mich, wie sie es aushielten, so zu leben, was vor allem darauf hinwies, wie wenig ich es bisher gewohnt war, vom Leben beleidigt zu werden. Diese Frage machte deutlich, wie groß meine Erwartungen an mein Leben waren. Ich stellte mir diese Frage, weil ich ein privilegierter Mensch war, und diese Position bedeutet, sobald sie auf das weniger privilegierte Leben sieht, naturgemäß eine Anmaßung. Eine Anmaßung ist dieser Text in mehrfacher Hinsicht (privilegierte nichtmigrantische Frau in heterosexueller Paarbeziehung mit Kind schreibt darüber, wie es ist, eine privilegierte nichtmigrantische Frau in einer heterosexuellen Paarbeziehung mit Kind zu sein, womit exakt jeder Satz eine Anmaßung bedeutet, die sich nicht einmal dahinter verstecken kann, dass sie behauptet, Kunst zu sein, wobei all jene privilegierten nichtmigrantischen Frauen in heterosexuellen Paarbeziehungen mit Kind, die die Dinge ganz anders sehen als die schreibende privilegierte nichtmigrantische in heterosexueller Paarbeziehung mit Kind, noch nicht einmal mitgerechnet sind. Und hat eigentlich irgendjemand schon mal an das arme Kind gedacht?).

Seit das Baby da war, betrafen mich bestimmte soziale Kategorien härter, und ich wandte sie beim Denken brutaler an. Es kann auch sein, dass der Druck so groß war, dass er die Scham besiegte. Die Scham darüber, dass ich besser dran war als die meisten, die Scham darüber, dass es war, wie es war: Es gab arm und reich, oben und unten, drinnen und draußen, es gab Mann und Frau, gerecht und ungerecht. Man könnte auch sagen: Es gab danach in meinem Kopf ein größeres Interesse für Soziales und Gesellschaft, ein anderes Bewusstsein für Politik (wenngleich es nichts gab, das dieses Bewusstsein beantwortet hätte, keine Art des Denkens, keine Lösungen, kein Programm, keine Partei). Und insofern könnte man fragen, was aus diesem Bewusstsein folgt, außer der Einsicht, dass dieses moderne Leben mit all seinen zivilisatorischen Errungenschaften, das ich als Frau vorher gelebt hatte, eine extrem fragile Fiktion war.

Kurz bevor wir umzogen, wurden wir von der Polizei zu einer Zeugenaussage eingeladen. Es ging um den Mann aus unserem Haus. Die Polizistin war sehr nett und engagiert. Sie sagte, dass das mit unserem Umzug wahrscheinlich eine gute Idee sei oder ganz einfach das Einzige, was wir wirklich machen könnten. Ich sollte noch einmal alles erzählen, was passiert war. Abgesehen davon, dass ich es mit einer netten und engagierten Polizistin zu tun hatte, lernte ich nicht viel Neues. Ich erfuhr über den Mann, dass er unter anderem angezeigt worden war, weil er eine dem Aussehen nach migrantische Familie von seinem Balkon aus mit Bierflaschen beworfen hatte. Ferner variierte er den Namen von Beate Zschäpe, wenn er für sie Freiheit forderte, vermutlich nicht etwa, weil er betrunken war (»Freiheit für Martina/Susanne/Jutta Zschäpe«), sondern weil er annahm, dass man ihn dadurch rechtlich nicht belangen könne. Ihm war wohl nicht klar, dass er für seine Free-Beate-Forderung überhaupt nicht belangt werden konnte. Die Beamtin hielt es für möglich, dass er psychische Probleme hatte. Als ich sie fragte, was mit dem Mann passieren würde, sagte sie, dass er vielleicht in eine Einrichtung komme oder ins Gefängnis oder auf Bewährung, sie könne es nicht sagen, sie wisse es nicht.

Ich wusste über den Mann, dass er ein bisschen älter war als ich, dass er arbeitslos war und alleine, dass er Muslime hasste und wahrscheinlich einiges mehr. Ich wusste nicht besonders viel über ihn. Aber seine Stimme, sein schweißfeuchtes Gesicht und sein glasiger Blick waren seit Monaten täglich in meinem Kopf, das Zusammenzucken darüber in meinem Körper. Viel wichtiger, als zu verstehen, wer er war, war es mir deswegen, mich möglichst weit von ihm zu entfernen. Ich wollte raus aus diesem Haus, ich zählte die Tage bis zu unserem Umzug. Die neue Wohnung würde da sein, wo die Frauen mit den schicken Kinderwagen durch die Vormittage liefen, und das würde ich in Zukunft auch tun. Ich war nicht scharf darauf, aber froh darüber, dass ich es konnte. Vor dem Baby hatte ich die soziale Homogenität in dieser Gegend entsetzlich gefunden. Ich wollte mit der Enge, die entsteht, wenn man sich ausschließlich mit Menschen umgibt, die aussehen wie man selbst, nichts zu tun haben. Menschen, die das Gleiche tun und das Gleiche kaufen, Menschen, die versuchen, in einer Kleinfamilie das Ideal der romantischen Liebe zwischen zwei erfolgreich berufstätigen Menschen mit ideal aufgezogenen Kindern zu leben und die somit einem Druck ausgesetzt sind, unter dem eben jenes Konstrukt nur zusammenbrechen kann. Menschen also, die mir täglich die

Brüchigkeit der eigenen Lebensidee vorführen würden. Ich wusste, dass ich davon Beklemmungen kriegen würde, aber ich zog sie der anderen Angst vor (also dem Haus, das wir bisher bewohnt hatten).

An dem Tag, an dem wir erfuhren, dass wir eine neue Wohnung hatten, bekamen wir außerdem eine Benachrichtigung darüber, dass das Schrott-Haus, das wir zu diesem Zeitpunkt noch bewohnten, einen neuen Eigentümer hatte. Wenig später begann die Sanierung und die Mieten wurden so weit wie möglich erhöht. Wie eine Armee zogen die Bauarbeiter in das Haus ein, mit schweren Schuhen stiegen sie durch die bereits leer stehenden Wohnungen und trampelten durch das Treppenhaus, als verdiene es, getreten zu werden. Sie rissen Verkleidungen, Heizungen und Rohre heraus, als müssten sie Krankheiten beseitigen. Als sei dieses Haus etwas, das so nicht sein dürfe, und alles, was damit zu tun hatte, wertlos. Die Bauarbeiter rauchten und hörten Europop, als wären sie alleine, sie verhielten sich, als seien die Menschen, die dieses Haus noch bewohnten, nichts. Vielleicht lag das daran, dass sie schnell erfasst hatten, dass die Bewohner noch weniger zu sagen hatten als sie selber und dafür verachtet werden mussten. Das Haus wurde immer nackter und hohler, es wurde so hart bearbeitet, dass es mir an manchen Tagen leidtat. Aber ich musste keine Angst mehr vor dem Mann haben, denn die Bauarbeiter hatten das Treppenhaus übernommen, und auf sie würden Menschen folgen, die höhere Mieten zahlen konnten.

Ich habe mich oft gefragt, warum ich die Zeit danach, die Zeit nach der Geburt des Babys, so schwer gefunden hatte. Mich quälte diese Frage, weil ich dachte, dass ich vielleicht nicht ganz richtig im Kopf sei, und weil die Bilder der

Frauen mit Kindern, die ich sah, so mühelos und einfach wirkten. Das Bewusstsein über diesen sehr klassischen Mit-mir-stimmt-etwas-nicht-Frauenmechanismus, der sich damit zum hundertsten Mal in meinem Kopf vollzog, änderte nichts daran, dass ich mich insuffizient fühlte. Ich dachte, ich sei falsch, weil es für mich nicht leicht war und ich nicht immer strahlte.

Dann dachte ich an meine Mutter und dass sie vier Kinder geboren und großgezogen hat. Ich fragte sie, wie es bei ihr gewesen sei. Sie sagte, es sei anstrengend gewesen, ja, aber vor allem sehr schön. Sie sagte, dass es hingegen überhaupt nicht schön gewesen sei, mit meinem berufstätigen Vater irgendwo eingeladen gewesen zu sein und neben ihm und anderen Berufstätigen zu stehen wie ein Nichts, das »nur Mutter« war. Sie sagte, dass es für die Arbeit, die sie täglich mit uns Kindern geleistet hatte, keine Anerkennung gegeben habe. Dennoch sei diese Zeit für sie vor allem schön gewesen. Sie sagte außerdem, dass sie viel von damals vergessen habe. Ich werde das niemals vergessen, dachte ich, und dass bei mir wohl wirklich irgendetwas nicht stimmte, wenn selbst meine Mutter, die ich für ehrlich und reflektiert hielt, die Zeit mit Kindern alleine zu Hause relativ okay fand. Ich überlegte weiter.

Als meine Mutter Kinder bekam, war die Verteilung klar gewesen: Sie kümmerte sich um die Kinder und den Haushalt, mein Vater kümmerte sich um das Geld und sein Fortkommen. Meine Mutter hatte, als sie Mutter wurde, zunächst nicht den Anspruch, sich beruflich zu verwirklichen, darum wollte sie sich kümmern, wenn wir größer waren (und es ist ihr unglaublicherweise tatsächlich gelungen).

Vergleiche ich ihr altes Leben mit meinem, dann denke

ich, dass vielleicht eine der schwersten Aufgaben dieser modernen Familienidee der Versuch ist, es zusammen zu machen, mit dem Partner oder der Partnerin. Die Ängste und Spannungen, die dabei entstanden, waren für mich das Schwerste. Denn zumindest über die Verteilung der Aufgaben mussten meine Eltern nicht streiten, weil klar war, wer für was zuständig war. Dagegen mussten mein Freund und ich zu Beginn jeden Tag neu verhandeln, und wir begegneten dabei Verhaltensweisen, die auf Annahmen zurückgingen, von denen wir überhaupt nicht wussten, dass sie in uns waren. Wir konkurrierten miteinander um Zeit, um Anerkennung und die Frage, wer die Dinge richtiger sah, wer mehr machte.

Die Verschiebungen, die sich bei dem Versuch, dieses neue Modell zu leben, vollziehen, bedingen und verstärken die Wer-hat-das-härtere-Life-Frage, sie verschärfen die Konkurrenzsituation, weil alles zur Disposition steht. Dabei sind die Beteiligten im Grunde völlig verwirrt, sie stehen mit einem Bein in ihrer modernen Familienbaustelle und mit dem anderen in der Vergangenheit, aus der sie alle möglichen Überzeugungen mitschleppen, über die sie oft nicht mal Bescheid wissen. So etwa der Glaube, dass die Mutter für das Kind die Nummer eins sein muss, und der daraus folgende Versuch von Frauen, mehr bei dem Kind zu sein als der Vater. Oder das schlechte Gewissen der Frau, die Geld verdient, während der Mann auf das Kind aufpasst, und ihr Versuch, das in ihrer Vorstellung riesige Opfer, das der Mann da für sie (what?) erbringt, irgendwie auszugleichen. Oder die Annahme, dass es der Mann sein muss, der das Geld (oder zumindest den größten Teil) verdient.

Bei uns war es zeitweise so, dass ich für das Geld zuständig war. Obwohl mein Freund damit offiziell kein Problem hatte, glaubte ich, dass es ihm doch etwas ausmachte. Ich glaubte es, weil ich oft gehört hatte, dass Männer darunter litten, ich glaubte es, weil ich mich in dieser Variante noch nicht auskannte, was natürlich daran liegt, dass sie noch nicht ausreichend lange gesellschaftlich erprobt und somit akzeptiert ist. Mein Freund sagte, es sei okay für ihn, er könne damit umgehen. Aber wenn es nicht er war, der in traditionellen Mustern dachte, so waren es zumindest ich und mit mir einige andere (Familie, Freunde), die von außen auf unsere Situation guckten und ihm unterstellten, dass er in einer für einen Mann superschwierigen Lage sei, weil er nicht das Geld verdiente. Und somit wurde der Druck traditioneller Erwartungen durch das Umfeld auf ihn draufgeschaufelt. Somit war die Rollenerwartung, gegen die mein Freund sich entschieden hatte, trotzdem ein aktiver Teilnehmer unseres Gefüges.

Außerdem war mein schlechtes Gewissen dabei. Ich glaube, dass es tatsächlich eher Frauen sind, die sich entschuldigen wollen, wenn ihr Partner sich um das gemeinsame Kind kümmert. Aber es gibt auch eine andere Dynamik, die sich daraus ergibt, eine Dynamik, die einen unglaublich bescheuerten Effekt hat. Derjenige, der glaubt, auf dem ihm von Geschlechts wegen traditionell zugewiesenen Feld nicht gut zu performen, läuft mit einem schlechten Gewissen herum und versucht zum Ausgleich, auf die Opfer hinzuweisen, die er (oder sie) tagtäglich erbringt, was zwangsläufig dazu führt, dass das Gegenüber beginnt, genau das Gleiche zu tun, weil sie (oder er) glaubt, die eigene Leistung betonen zu müssen, da sich der andere ja offensichtlich zu beklagen scheint, und diesen Leistungs-Opfer-Tanz kann man wirklich unendlich lange im Kreis tanzen, man kann ihn so lange tanzen, bis beiden schlecht ist. Und selbstverständlich bin ich von mir und meiner Teilnahme an diesem Tanz genervt, weil man dabei keine besonders gute Figur macht. Trotzdem denke ich, dass man sich dafür eigentlich nicht schämen muss, weil es das ist, was Frauen und Männer in ihrer Eigenschaft als Menschen seit jeher tun. Sie tanzen um Anerkennung und Liebe herum. Aber sie tun es gegenwärtig eben unter relativ neuen Bedingungen.

Anders als meine Mutter musste ich mich also darum kümmern, dass wir Geld haben. Anders als für sie war es für mich nicht vorstellbar, auf Selbstverwirklichung right now zu verzichten. Und das sind bereits vier Aspekte (Fairness, Cash, Selbstverwirklichung – und die Beziehung muss natürlich auch weiter fresh und romantisch bleiben), die zu nur einem Zeitpunkt erfüllt werden sollen, nämlich jenem, an dem man plötzlich ein Kind hat, was ja an sich schon ein Vierundzwanzig-Stunden-Job ist. Es ist keine neue Einsicht festzustellen, dass das zu viel auf einmal ist, und so bekommt man ja auch regelmäßig diesen heißen Tipp, nicht alles gleichzeitig zu wollen. Es wird einem erklärt, dass es nun wichtig sei, sich zu bescheiden. Das klingt einfach und ist sicher richtig. Aber das Geld betreffend hat man da nur bedingt eine Wahl, man braucht es. Gerade wenn man eine kleine Familie hat, braucht man es. Und natürlich kann man (man muss, es geht nicht anders) sich immer wieder daran erinnern, dass das mit der fairen Aufgabenverteilung viel Arbeit ist und Zeit braucht und man immer wieder von vorne anfangen muss und überhaupt nachsichtig sein sollte. Aber um die kräftezehrende Auseinandersetzung darüber kommt man nicht herum, weil die meisten Frauen nicht hinter ihr modernes Frauenbewusstsein zurückkönnen und es nachvollziehbarerweise auch nicht wollen, was im Übrigen auch für das Selbstverwirklichungsthema gilt. Das heißt, dass man in einer sehr kurzen Zeit sehr viel gleichzeitig schaffen muss, wobei man nicht einfach einen Posten aus der Rechnung rausstreichen kann, weil alles mit allem zusammenhängt. Damit Geld da ist, muss man das Fairnessthema lösen, weil sonst einer unzufrieden wird und aus der Kleinfamilie abhaut, abgesehen davon, dass viele Familien auf zwei Gehälter angewiesen sind; um dem Anspruch, einer erfüllenden Tätigkeit nachzugehen, gerecht werden zu können, muss das mit der Fairness ebenfalls geklärt sein, andernfalls flüchtet wieder einer aus der Familie, weil er glaubt, sonst zu gar nichts mehr zu kommen, und so weiter. Diese zivilisatorischen (und zum Teil wirtschaftlich forcierten) Errungenschaften sind Privilegien (Fairness zwischen den Geschlechtern, der Anspruch, einer erfüllenden Tätigkeit nachzugehen), die praktisch nur in einem begrenztem Milieu wirksam sind. Die Mitglieder dieses Milieus sind jene Privilegien gewohnt (Privilegien ist in diesem Zusammenhang ein ausgesprochen dummes Wort, denn es wirkt, als tue man den Frauen einen Gefallen, andererseits sind sie im Vergleich zu anderen Frauen, in deren Ländern der Anspruch der Gleichberechtigung nicht angestrebter Konsens ist, tatsächlich privilegiert). Bekommen Frauen aus diesem Milieu nun ein Kind, kommen sie aus einem Leben, das vorher ausschließlich ihnen gehorchte. Ein Leben, in dem das Individuum im Zentrum stand und es darum ging herauszufinden, was es beruflich erfüllt, was es glücklich macht. Die Konzentration auf das Individuum und seine Bedürfnisse funktioniert so lange, wie das Individuum alleine ist. Kommt ein Kind dazu, also ein angewiesener

Mensch, der nicht durch sich selbst leben kann, wird es kompliziert, und es ist eben vor allem die Frau, die dann verzichtet (auf Fairness, Selbstverwirklichung, Cash).

Dennoch versuchen jene Frauen, diesen Zustand weiter aufrechtzuerhalten, was sehr, sehr anstrengend ist (gelingt es ihnen nicht, werden sie dafür von ihrem Umfeld sanktioniert, schaffen sie es doch irgendwie, sind sie Latte-Macchiato-Mütter respektive von ihrer Natur entfernte Mütter etc.).

Es ist also keine Überraschung, dass eine Frau irritiert ist, die sich, dem modernen Werde-du-selbst-Imperativ folgend, bisher vor allem damit befasst hat, wie sie sich und ihr Selbst erfolgreicher macht, wenn es plötzlich nicht mehr um sie geht. Denn eine gute Frau ist eine erfolgreiche Werde-du-selbst-Frau. Das gilt jedoch nur so lange uneingeschränkt, wie sie kein Kind hat.

Ich jedenfalls wurde stellenweise ziemlich nervös, weil ich nicht weiterkam, zumindest nicht in messbaren Kategorien, und das ist ein weiterer Punkt, in dem sich mein Leben von dem der Generation meiner Mutter unterscheidet. Denkt man in diese Richtung, kann man eine Menge falsch machen. Man kann daraus den simplen und frauenfeindlichen Schluss ziehen, dass Frauen nicht mehr richtige Frauen sind, also zu egoistisch und nicht mehr in der Lage, gute, genügsame Mütter zu werden. Daran kann man dann dem Kapitalismus die Schuld geben und ein ganz grundsätzliches, also auch die Männer betreffendes Egoismusproblem in »der Gesellschaft« respektive »dem System« ausmachen und dabei immer kulturpessimistischer werden.

Tatsächlich ist es unglaublich schwer, auf diese Weise (modern, gleichberechtigt, beziehungsweise alles auf einmal) zu leben, aber es ist für viele Menschen auch nicht mehr anders denkbar (oder möglich, weil man von nur einem Einkommen nicht mehr leben kann). Und tatsächlich bewirken die Verschiebungen hin zur bestmöglichen Gestaltung des Individuums und dass auch Frauen an dieser Selbstgestaltung teilhaben wollen, dass einem nichts ferner sein könnte als all das, was ein Kind bedeutet. Chaos, Unplanbarkeit, Gebundensein. Von sich selber absehen. Kurz und again: Das System arbeitsmarktsozialisiertes Individuum passt nicht mit dem System Familie zusammen.

Alte Freundschaften, die nichts mit dem Beruf zu tun haben, wären in so einer neuen Familiensituation natürlich toll, wenn es nicht so schwierig wäre, über Tausende von Kilometern hinweg in touch zu bleiben und die Freunde, auch wenn es alte sind und sie sogar in der Nähe wohnen, trotzdem immerzu arbeiten müssten, was für Familienmitglieder ebenfalls gilt. Menschen haben ihr eigenes Leben, und dort arbeiten sie die meiste Zeit. Würde also möglicherweise dieses immer wieder vorgeschlagene Dorf (respektive die Großfamilie, aber wo bekommt man die dann eigentlich so schnell her?) helfen und einem das Kind abnehmen? Es gibt ja wirklich Menschen mit Kindern, die versuchen, ihr Leben in die Richtung umzuorganisieren und in irgendwelchen Gemeinschaften auf Dörfer ziehen und dort das natürliche Leben suchen. Andererseits gibt und gab es ja Gründe dafür, dass das Modell Großfamilie nicht mehr so angesagt ist. Kein Grund, sondern eher ein Aspekt ist etwa, dass in einem Dorf/Großfamilie die Sache mit der freien Entfaltung des Individuums nicht so gut funktioniert.

Das heißt: Es gibt Gründe dafür, dass es ist, wie es ist, und es ist: schwer. Es ist der komplette Wahnsinn, den

Versuch zu unternehmen, mit einem anderen Menschen ein Kind aufziehen zu wollen, dabei eine Liebesbeziehung mit ihm zu unterhalten, sich gleichzeitig selbst zu verwirklichen und damit Geld verdienen zu wollen und dabei außerdem noch eine faire Verteilung zwischen den Kleinfamilieneltern anzustreben. Es ist ein grauenvoller Superwahnsinn auf einem superhohen zivilisatorischen Niveau, wobei mit dem Hinweis der Leidensdruck nicht relativiert werden soll. Ein Aspekt des Leids ist eben der Versuch, das Niveau zu halten, und dabei sind vor allem die Ressourcen Zeit und Geld die limitierenden Faktoren. Es sind Faktoren, um die sich etwa meine Mutter zu keinem Zeitpunkt Gedanken machen musste. Aber sie musste dafür auch einen hohen Preis zahlen (neben meinem Vater als Nur-Mutter-Nichts herumstehen, keine Anerkennung für ihre Leistung). Ich hingegen denke zusammen mit vielen Frauen meiner Generation an nichts anderes als an Zeit und Geld. Weil ich es will, obwohl ich es hasse. Weil es nicht anders geht, weil ich es muss.

Oft habe ich mich gefragt, wen ich nun eigentlich genau anschreien soll, wenn unser Life mal wieder extrem katastrophal war. Meinen Freund, weil wir Verhandlungsschwierigkeiten hatten, wenn es um das Thema Fairness ging? Meinen Freund, weil er unter dem Druck zu platzen drohte, der auf ihm lastete? Das ihm vermittelte Männerbild? Das mir vermittelte Frauenbild? Meine Familienmitglieder, weil sie arbeiteten und dann keine Zeit hatten, um zu helfen? Mich selbst, weil ich zu viel auf einmal wollte? Weil ich eine Topmutter sein wollte und Schwierigkeiten damit hatte, das Baby alleine zu lassen, was mich direkt wieder in Schwierigkeiten brachte, weil ich außerdem eine Toparbeitskraft sein wollte? Den Arbeitsmarkt, weil er von mir wollte, dass ich eine Toparbeitskraft war, die so tat, als hätte sie kein Kind? Unseren Vermieter und die Supermärkte, weil sie so viel Geld von uns wollten, für das wir wieder auf den Arbeitsmarkt rennen mussten? Das gute Leben, das ich für uns wollte und wie es sich in Blogs, Zeitschriften und auf Facebook zeigte? Mich, weil ich das gute Leben wollte, das punktuell doch so leicht als falsch erkennbar war? Das Internet, dieses dumme Schwein?

Ich fand kein identifizierbares Gegenüber, das ich hätte anschreien können. Ich hätte die Zivilisation im Frühling 2017 in einer Großstadt in Germany anschreien müssen, um alle Beteiligten zu berücksichtigen. Damit will ich nicht sagen, dass das Leiden an dem Modell, das ich lebte, nicht strukturelle Ursachen hätte, gegen die man nichts machen könnte. Ich will vor allem sagen, dass es kompliziert ist und dass die nachvollziehbare Verzweiflung von Eltern nicht auf ein klar umreißbares Problem zurückgeht, über das man sich easy empören könnte, weil klar ist, wer Schuld hat.

Auch mir wäre es anders lieber gewesen, ich hätte wirklich gerne jemanden verantwortlich gemacht. Dachte ich dann wieder einmal an meine Mutter und was bei ihr anders war, dauerte es nicht lange, bis mir das Internet einfiel. Das Internet, das mir regelmäßig Produkte vorschlug, die ich meinem Kind kaufen sollte, damit es ein perfekt geliebtes und umsorgtes Kind sei. Instagram-Accounts von Frauen und ihren Babys, unzählige Protokolle unendlichen Glücks. Unzählige Artikel: Warum du dein Kind jetzt schon durch klassische Musik/Babyyoga/Kleider aus reiner Wolle mit Seidenanteil/Babyled-Whatever fördern solltest. Warum Stoffwindeln besser sind. Warum du Beikost unbedingt selber kochen solltest. Warum du dein Kind stillen solltest, bis es mindestens fünfundzwanzig Jahre alt ist. Warum dein Kind solange es geht im Elternbett schlafen sollte.

Meine Mutter erzählte mir, dass sie nie so viel gelesen hatte. Sie hatte eigentlich gar nichts gelesen. Dagegen kommen jene Frauen, über deren Milieu ich schreibe, aus einer komplett anderen Situation in eine komplett andere Situation. Auf vielen Etappen eines kontrollierten Lebens, die man gewohnt war, akkurat und mit bestmöglichem Erfolg abzuschließen, folgt eine weitere, die man ebenfalls versucht, mit bestmöglichem Erfolg abzuschließen: das Kind. Denn die Leistungsmentalität, die dem erfolgreichen Etappenleben zugrunde liegt, ist natürlich nicht plötzlich weg, wenn das Kind da ist. Sie kann sich im Gegenteil fantastisch auf diesem Feld entfalten. Weil sich damit viel Geld verdienen lässt, denn alle Eltern sind erpressbar (auch wenn sie noch so schlau und reflektiert sind), wenn man ihnen vermittelt, dass ihr Kind aktuell unbedingt ein bestimmtes Produkt (oder einen Kurs, eine Behandlung, eine supermoderne Einschlaftechnik) braucht, damit es ein glückliches, gefördertes Kind wird, das mit den anderen Kindern mithalten kann. Die erpresserische Botschaft, die in diesen Produkt- und Lebensempfehlungen steckt, ist der Appell an das Elterngewissen: What, du würdest nicht alles für dein Kind tun? Aber es ist für dein Kind! Liebst du dein Kind nicht? Warum willst du ihm nicht ermöglichen, was alle Kinder von guten Eltern ermöglicht bekommen, damit aus ihnen einmal erfolgreiche Kinder werden? Und so weiter. Diese Fragen klingen allesamt verdächtig, sie klingen, als seien sie leicht zu durchschauen, aber sie sind wirksam. Möglicherweise weil ein von Selbstoptimierungsbotschaften sozialisiertes Milieu besonders empfänglich für solche Botschaften ist, die sich in Internetzeiten natürlich exponentiell vervielfacht haben, nicht nur, weil das Wissen über Babys gewachsen ist, sondern auch, weil es dafür einen Markt gibt. Oder weil dieses Milieu mit dem Erfolg des eigenen Kindes identifiziert ist und die Angst, an sozialem Status zu verlieren, damit verbindet. Weil es so viel wie möglich richtig machen will, damit das eigene Lebensmodell am Ende nicht komplett zerkracht auf dem Boden liegt. Und schließlich könnte noch eine Rolle spielen, dass die moderne Familiensituation insbesondere für Frauen eine neue ist, für die es bisher nur wenige Beispiele gibt. Sie sollen/wollen/müssen arbeiten und Mütter sein. Beides gleichzeitig zu sein kollidiert mit dem noch immer existenten Mutterideal, was vielleicht eine weitere Erklärung dafür ist, dass die Mütter aus dem akademischen Selbstverwirklichungsmilieu gegenwärtig so stark auf (mitunter sicher sehr sinnvolle, aber eben teilweise auch komplett überfordernde) Erziehungskonzepte wie Attachment-Parenting abfahren. Dabei soll den Bedürfnissen des Kindes so weit wie möglich entsprochen werden (möglichst lange stillen, möglichst lange zusammen schlafen, möglichst viel tragen). Damit wird einerseits der bereits thematisierten bestmöglichen Förderung entsprochen und andererseits ein möglicherweise von der Mutter empfundenes Defizit kompensiert, die denkt, ihrem Kind bekomme eine arbeitende Mutter nicht, die kurz davor ist durchzudrehen, unter anderem, weil sie eine so unglaublich perfekte Mutter zu sein versucht. Und insofern hat die Empfänglichkeit für Vorschläge zur optimalen Kindheitsgestaltung sicher auch etwas mit einer großen Unsicherheit der Mütter (und Väter) zu tun, die irgendwie versuchen, mit dem relativ neuen Modell klarzukommen, das sie leben.

22

Geld, Zeit und beides war knapp. Auf die Ich-Zeit folgte absolute Fremdbestimmung. Hohe Ansprüche an mich selbst als Mutter, als arbeitender Mensch, als Freundin meines Freundes. Hohe Ansprüche an meinen Freund, der seinerseits hohe Ansprüche an sich selbst hatte. Hohe Ansprüche an unsere Beziehung und der Versuch, gemeinsam auf faire Weise ein Kind groß werden zu lassen. Insgesamt ein extrem einsturzgefährdetes Kartenhaus. Und es war also eine Katastrophe, ich zittere immer noch.

Bis zu diesem Punkt könnte man meinen, dass alles nur schrecklich war. Da ich verstehen wollte, was passiert war, habe ich beschrieben, was schwer war. Das Schöne daran ist schwer zu beschreiben. Es ist privat, und ich glaube auch, dass es nicht so interessant wäre.

Vielleicht genügt die Information, dass ich durch das Kind auf eine Weise lebensdankbar bin, die sofort albern wirken würde, wenn ich versuchte, sie zu beschreiben. Vielleicht genügt die Information, dass ich hoffe, noch einmal ein Kind zu bekommen. Ich halte diese Idee weiterhin für kompletten Wahnsinn, und das soll nicht witzig sein, ehrlich, es ist furchtbar. Aber das Verrückte an der Sache ist, dass das Kind nicht das Problem ist. Das Kind ist das Gute daran. Es ist geliebt, es ist das Schönste.

Nein, das Problem ist nicht das Kind. Das Problem liegt in dem Versuch, das Kind zusammenzubringen mit den

Ideen, Erfordernissen und Sachzwängen eines modernen Erwachsenenlebens, wie es sich die Erwachsenen gemacht haben. Dieses Erwachsenenleben kommt von sehr weit her. Geht es um Arbeit – und Arbeit ist dummerweise das zentrale Element eines modernen Erwachsenenlebens, um das herum sich der Rest organisiert –, wurde dieses Leben von Männern für Männer gemacht. Und dieses Männerleben passt nicht mit Frauen zusammen, die arbeiten wollen, sollen und müssen – und bis auf Weiteres die sind, die Kinder bekommen.

Wer lernt, anders zu denken, kann sein Leben neu erfinden.

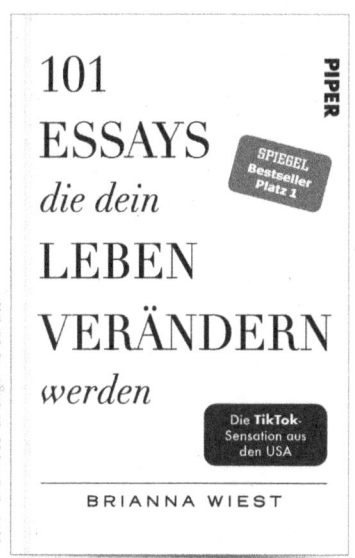

Brianna Wiest

101 Essays, die dein Leben verändern werden

Aus dem amerikanischen Englisch
von Ursula Pesch und Anja Lerz
Piper, 432 Seiten
ISBN 978-3-492-07159-8

Die 101 lebensverändernden Essays von Brianna Wiest durchbrechen schädliche Denkmuster und öffnen dir die Augen. Mit großer Menschenkenntnis und psychologischem Feingefühl offenbart sie dir, was du hören musst, aber nicht willst. Was du eigentlich schon weißt, aber unterdrückst. Egal, ob du mit deiner eigenen Lebenseinstellung oder in Beziehungen zu kämpfen hast, dieses Buch hat die Antwort. Es wird dir auf der Suche nach dir selbst und einem glücklichen Leben ein wertvoller Begleiter sein.

PIPER